検証

「前期旧石器遺跡発掘捏造事件」

松藤和人 著

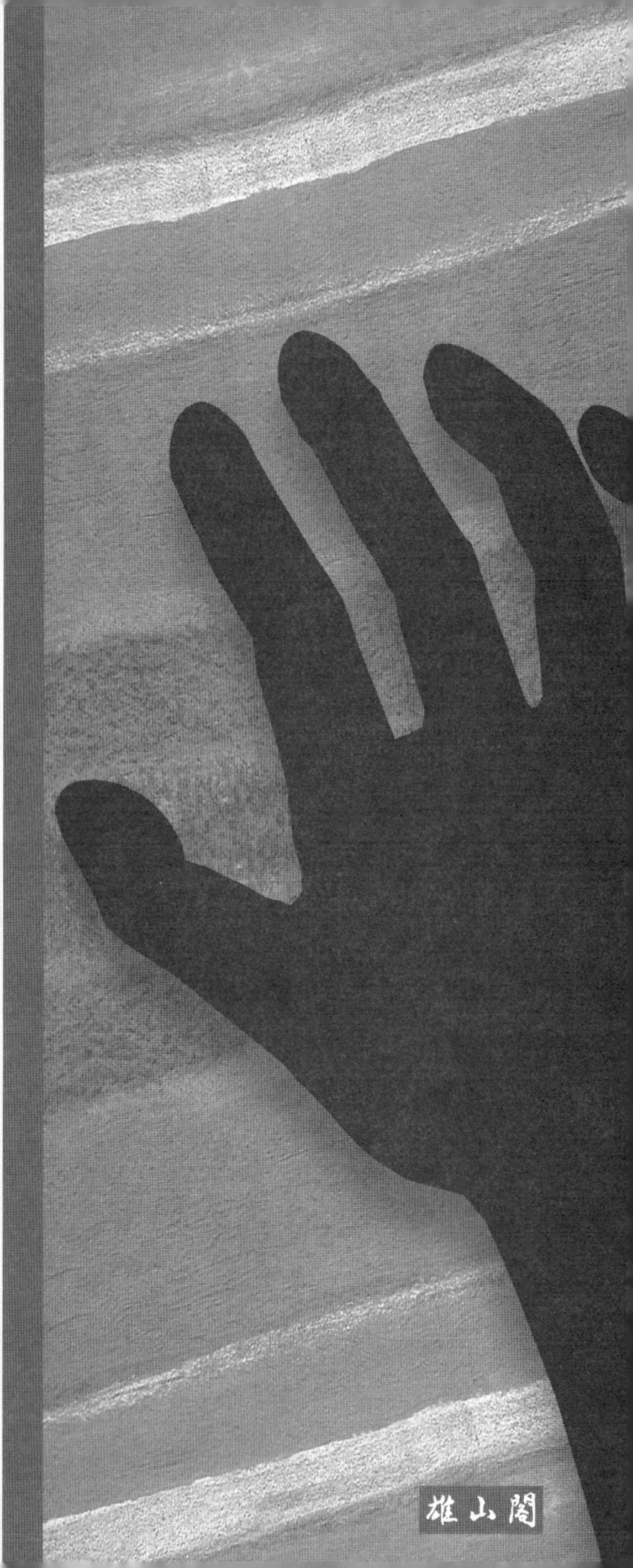

プロローグ

世紀末にはなにかがおこる。言いならわされた俗諺《ぞくげん》である。

二〇〇〇年十一月五日、毎日新聞のスクープによって発覚した、藤村新一東北旧石器文化研究所副理事長（当時）による前期旧石器遺跡発掘捏造は、日本考古学界にたいする信用をおおきく失墜させたばかりか、歴史学界、埋蔵文化財行政・教育界・出版界などを巻き込んで未曾《みぞ》有《う》の衝撃と混乱をもたらした（図1）。まさに世紀末の大事件であった。それから早くも一〇年の歳月が経過しようとしている。

事件発覚後、藤村が調査に関与したほとんどの遺跡が、日本考古学協会の中に設置された前・中期旧石器問題調査研究特別委員会の二年余におよぶ検証の結果、学術的価値を否定されることとなった。発掘捏造が二〇余年間にわたって看過されていたという事実に、日本の考古学界は学問としての存在基盤を問われ、とりわけ信頼回復に深刻なものがあった。

事件が発覚するまでの二〇数年間、日本列島の人類史の上限は年を追って更新され、発覚直前には一〇〇万年前にさかのぼる遺跡の発見さえも、まことしやかにささやかれていた。この間、東北地方の前期旧石器時代の研究は、実質上、日本の旧石器時代研究において牽引車的な

旧石器発掘ねつ造

宮城・上高森遺跡

調査団長の藤村氏

自ら埋める「魔がさした」認める

発掘現場での藤村副理事長

藤村副理事長がねつ造工作した場所から掘り出された石器。調査団は「石器一括埋納遺構7」と発表した＝10月27日

図１　毎日新聞スクープ記事（2000 年 11 月 5 日）

役割を果たしてきたといっても過言ではない。

東北日本を中心とする前期旧石器時代遺跡の調査・研究が藤村新一による個人的能力に深く依存してきたのは、周知の事実である。この点、民間考古学者であった相沢忠洋《あいざわただひろ》による岩宿遺跡での発見が、相沢以外の研究者の調査によって全国的規模で次々と確認・追証されていった経緯と比較したとき、その特異性が知れようというものである。

本事件はまた、研究者モラルを失墜させる一方で、他の研究者が発掘した考古学的事実にたいする信頼性という、考古学が立脚する根底的な基盤を破壊する行為でもあっただけに、斯界がこうむった打撃は深刻きわまりないものであった。他人が調査した資料に信を置かず、自分がかかわった遺跡の発掘事実だけしか認めないというのであれば、考古学はそもそも学問として成り立たないからである。実際、旧石器考古学に携わる圧倒的多数の研究者が藤村関与資料を引用し、旧石器時代の歴史の叙述をおこなってきた。わたしとて例外でない。

捏造がおこなわれてきた二〇数年間という歳月は、藤村とともに調査・研究に携わった仲間たちにとってはあまりにも長過ぎ、当事者たちは、もはや、取り返しがつかない年齢にある。彼らにしてみれば、研究人生でもっとも脂ののりきった三〇歳代から四〇歳代にかけて情熱をこめて築きあげてきた努力と業績が水泡に帰したばかりか、なかには学問生命を奪われたに等しい研究者もいる。彼らこそ、この事件の最大の犠牲者といえるだろう。そうした意味で、発掘捏造は研究者・同僚への背信行為であると同時に、学界全体にたいする犯罪行為であり、指弾されるのは当然のことである。

これまで、本事件をあつかった出版物は少なくない。

しかし、それらのほとんどがジャーナリストあるいは専門分野外の立場から叙述されたものであり、必ずしも真実を反映しているようにはおもえない。

わたしは、検証作業をおこなった日本考古学協会の前・中期旧石器問題調査研究特別委員会（以下、特別委と略）のメンバーの一員として、発覚直後の準備会段階から深くかかわってきたもののひとりである。

これまで特別委の内側から検証にふれた出版物としては、特別委の委員長をつとめた戸沢充則の個人的な著作が刊行されているだけである（『考古学のこころ』新泉社、二〇〇三年）。しかし、それとて特別委の実情を伝えきっているというものでもない。そこで何が議論され、どのように検証が進められていったのか、この事件が日本の旧石器考古学史のなかでどのような背景をもって出現したのか、また旧石器考古学分野をめぐる研究状況にどのような地盤変動をあたえ、旧石器考古学の再生のためにどのような努力がなされたのか、掘り下げて論評した著作は、残念ながら、これまで管見にふれたことがない。

その一方で、考古学界や文化財行政を管掌する自治体がかつて経験したことのない艱難《かんなん》と辛苦は、時の経過とともに記憶から薄らぎ、やがて学史の片隅にしまいこまれていく運命をたどるのは避けられない。将来、日本考古学史のなかでこの事件を俎上《そじょう》にあげ議論しようとするときに大きな支障をきたすのは必至であろう。

この発掘捏造事件は、巷間で膾炙《かいしゃ》されているように、もとをたどれば「前期旧石器存否論争」という学史を背負って起きた事件であり、いわば日本の前期旧石器時代存否論争が産み落とした申し子といってもよい。

当然のことながら、このあたりの事情にはジャーナリストは疎《うと》い。この事件から早くも十年という歳月が過ぎ、日本考古学が洗礼をうけた未曾有の体験は歳月を経るにしたがってしだいに風化し、記憶の片隅に押しやられつつある。

事件から早や一〇年、事件の経緯を知らない学生が、大学の門をたたく時世となってきた。先人たちが犯したのと同じ過ちを二度と踏ませないためにも、日本考古学が洗礼を受けた未曾有の試練と苦悩を後進に伝えるのは、われわれの世代の責務なのかもしれない。それにしても、気の重いペンとならざるをえない。

本書で用いる旧石器時代の時期区分について、一般に流布している時期区分（三期区分）との混乱を避けるため、あらかじめことわっておく。

わたし自身は日本列島の旧石器時代の時期区分に際しては、ヨーロッパの概念でいうところの中期旧石器時代（約一三万年前〜三万五〇〇〇年前）の存在を認めない立場をとる。その理由として、中国・韓国における最近二〇年間の研究成果を勘案すれば、東アジア地域では前期と中期を区別できるほど明瞭な考古学的特徴を抽出することが困難だからである。また、ユーラシア大陸の西側で中期旧石器をつくったネアンデルタール人の人骨が東アジアでは見つかっていない事実も決定的な意味をもつ。わが国では、前期旧石器時代に相当する時期の遺跡はもとより、ヨーロッパの中期旧石器時代に相当する時期の資料は微々たるもので、その実態は厚いヴェールに包まれ、前期と中期を考古資料から区別する研究以前の段階にある。したがって、「中期」という用語は、ここでは原著者の用法を引用したときに限って用いることにする。わたしの二期区分は、かつて芹沢長介が一九六〇年代に提案したのと言葉は同じであるが、ここ五〇年間の東アジア各地の調査研究成果を反映したものである。

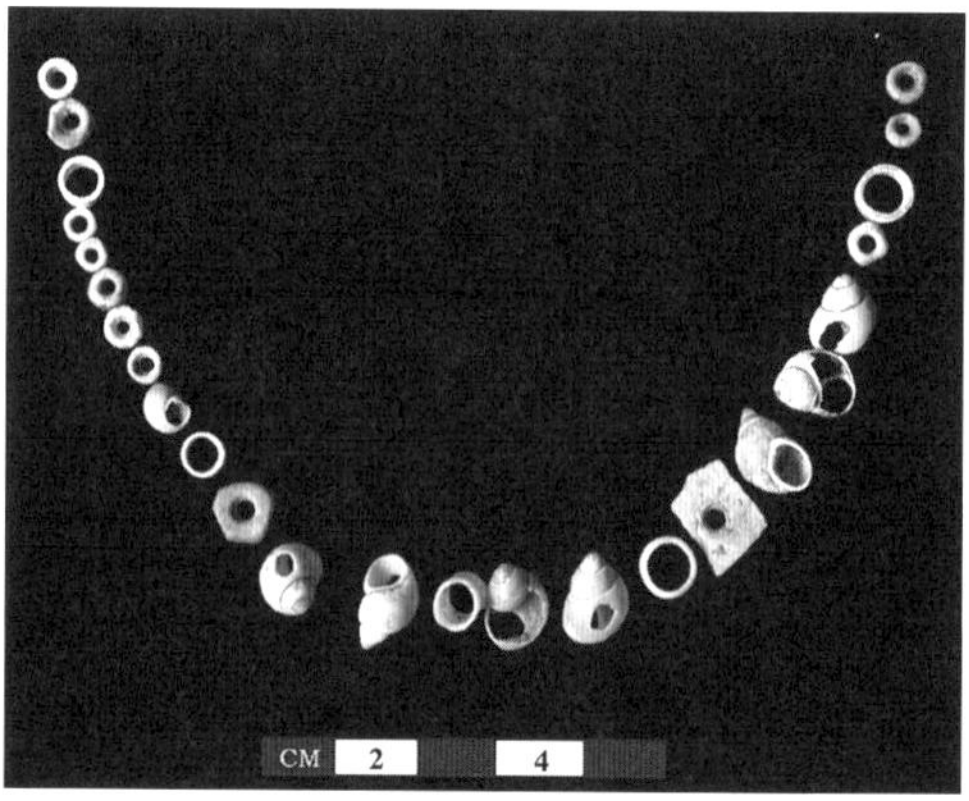

図２　中国河北省于家溝出土の装身具

一方、東アジアの後期旧石器時代は、ホモ・サピエンス（現代型新人）の登場と連動した可能性が高い石刃技法とシンボリックな表象すなわちビーズ、ペンダント、赤色顔料、埋葬等の出現によって画される（図2）。とりわけ石刃技法は、シベリア経由で伝播し中国北部・朝鮮半島・日本列島をふくむ東北アジアで三万五〇〇〇年前ころに横並びで出現したことが知られる。これらの技術・文化革新は、東アジアの旧石器時代の全期間を通じて起きた最大の変革であった。

研究の現状をふまえるとき、実体をともなわない東北アジアの「中期旧石器（時代）」の呼称は、いわばユーロセントリズム（ヨーロッパ中心主義）が生み出した幻想である。二十一世紀の旧石器考古学にあって幻想をもとに研究するわけにはいかない。

1　発掘捏造の学史的背景

東北日本を中心とする前期旧石器時代遺跡の発見が特定個人に依存しながら進められてきたのは、否定しがたい事実である。

この点、民間考古学者であった相沢忠洋による岩宿での発見を契機に一九四九年の明治大学の学術調査によって確認され、それに触発された少壮気鋭の研究者たちによって全国的規模で次々と追証されていった後期旧石器時代の研究とは異質な展開をたどったのは明白である。科学的な学問研究を担保する、第三者による「反復検証」という科学につきものの公理は、こと後期旧石器時代の研究に関しては正常に機能してきたし、現在においても揺るぎない。

藤村新一がなぜ前期旧石器時代遺跡の発掘捏造に手を染めたのかという動機の解明をないがしろにして、本事件の本質を明らかにすることはできない。言い換えれば、捏造の対象が後期旧石器時代ではなく、なぜ前期旧石器時代の研究分野で起きたのかという点を明らかにすることが、事件の本質を解明するうえで重要な鍵を握ることになる。なんとなれば、本事件は日本列島における前期旧石器探索という学史的背景と深いかかわりをもって起こったものだからである。

そこで、発掘捏造発覚へ至るまでの日本の前期旧石器時代の研究史を簡単にふりかえっておくことにしよう。

周知のように、日本列島に旧石器時代の人類が存在したことを証明したのは、一九四九（昭和二四）年、群馬県新田郡笠懸村（現みどり市）岩宿遺跡の学術調査を嚆矢《こうし》とする。遺跡を発見したのは、海軍から復員し納豆売りをしながら細々と生計をたてていたアマチュア考古学者の相沢忠洋であった。学問上の既成観念にとらわれず、未知の世界への扉を開く重要な端緒をつくったのは、ひとりの無名のアマチュア考古学者であった。相沢による岩宿の発見は、大学で専門教育を受けたものでなくとも考古学史に名をとどめられるような偉業を達成し、名声を博することができるという一つの先例をあたえることになった。

漏れ聞くところによれば、藤村新一は相沢忠洋を深く尊敬してやまなかったという。

第二の岩宿の発見を夢見て、前期旧石器の発見者として研究史に名をとどめるべく、自らを相沢忠洋と重ね合わせていたのかもしれない。関係者によれば、宮城県座散乱木か馬場壇Aの調査のころかとおもわれるが、華々しい発掘成果のみが新聞誌上で取りざたされ、遺跡の第一発見者である自分の名がマスコミにとりあげられないことに不満を漏らしたことがあったという。ひとかどの自己顕示欲の持ち主であったことが知られる。

岩宿の切り通しに露出した赤土層（関東ローム層とよばれる火山灰層）から相沢忠洋が採集し

た石器の学術的重要性と研究上の意義をいち早く認識し、その学術調査を指導したのは明治大学の杉原荘介助教授（当時）で、大塚初重、岡本勇らとともに調査に参加した芹沢長介は明治大学の研究生であった。

岩宿の調査後しばらくの間、学界には土器片を出土しないことから、慎重を期して「無土器時代」や「先縄文時代」という呼称ももちいられたが、岩宿の発見に触発され、関東ローム層の研究が進展するにつれ、赤土層は更新世末に形成された地層であることが明らかになり、岩宿で見つかった石器はヨーロッパの後期旧石器時代に対応する時期につくられたものであることが明らかになった。ここに山内清男《やまのうちすがお》をはじめとする学界の一部にあった懐疑的な見方は息を潜めることになった。

その後、岩宿の発見を追いかけるように、旧石器遺跡の探索が芹沢長介を筆頭とする若い研究者たち（吉崎昌一、加藤稔、麻生優、鎌木義昌）や在野の考古学者たちによって全国的規模で進められていった。岩宿の発見に触発された第四紀地質・地形分野の研究の進展ともあいまって、約三万年前から一・二万年前の後期旧石器時代の遺跡が、北海道から九州までつぎつぎと発見・確認されていったのである。

これと前後して、東北大学日本文化研究所に職を得た芹沢は、日本列島の後期旧石器時代にさきだつ人類の渡来を確信し、一九六〇年代には他の研究者にさきがけて精力的に前期旧石器

表1　日本の前期旧石器研究略史

西暦年	事　　項
1907	N.G. マンロー、神奈川県早川流域で旧石器探索
1917・18	大阪府国府遺跡で旧石器探索
1931	直良信夫、明石市西八木海岸で人類腰骨発見
1947	長谷部言人、西八木海岸調査
1949	相沢忠洋、群馬県岩宿で旧石器発見。杉原荘介ら、発掘調査で確認。
1962～67	角田文衞、大分県丹生遺跡の調査
1962～	野尻湖遺跡発掘調査団、長野県野尻湖底立が鼻遺跡の調査
1964	芹沢長介、大分県早水台遺跡の調査
1965～78	芹沢長介、栃木県星野遺跡の調査
1970・71	芹沢長介、群馬県岩宿D地点の調査
1980	仙台市教育委員会、仙台市山田上ノ台遺跡の調査
1981	石器文化談話会、宮城県座散乱木遺跡の第3次調査
1983	宮城県教育委員会、宮城県中峰C遺跡の調査
1984～86	石器文化談話会・東北歴史資料館、宮城県馬場壇Aの調査
1985	菊池強一、岩手県金取遺跡の調査
1985	春成秀爾、西八木海岸の調査
1986	小田静夫、C. T. キーリ、東北（藤村新一関与）の前期旧石器批判
1987	藤村新一ほか、東京都多摩ニュータウン471Bで前期旧石器発見
1988～91	石器文化談話会・東北歴史資料館、宮城県高森の調査
1990	柳田俊雄、福島県大平の調査
1993～2000	東北旧石器文化研究所、宮城県上高森の調査
1995～99	東北旧石器文化研究所、岩手県瓢箪穴遺跡の調査
1998	竹岡俊樹、東北（藤村新一関与）の前期旧石器に疑義
1998～2000	長崎潤一、北海道総進不動坂の調査
1999・2000	埼玉県教育委員会、秩父市小鹿坂・長尾根の調査
2000～ 2003・2005	長野県埋蔵文化財センター、飯田市竹佐中原遺跡の調査
2000. 11	毎日新聞、上高森・総進不動坂の遺跡発掘捏造報道
2001. 5	日本考古学協会、前・中期旧石器問題調査研究特別委員会発足
2002. 5	日本考古学協会、検証の中間報告
2003. 5	日本考古学協会、『前・中期旧石器問題の検証』刊行
2009	砂原遺跡学術発掘調査団、出雲市砂原遺跡の調査

図３　大分県早水台遺跡出土のチョッピング・トゥール

の探索と調査にのりだした。

芹沢は、縄文時代早期の遺跡として知られていた大分県早水台《そうずだい》遺跡の下層で、約十万年前と推定される地層から発掘したチョッピング・トゥール（図３）などの「前期旧石器群」を学界に報告したのを皮切りに、一九六〇年代の後半から七〇年代の初めにかけて、栃木県星野遺跡、群馬県岩宿Ｄ地点など北関東の数ヵ所の遺跡で、いわゆる「珪岩《けいがん》製前期旧石器」を発掘し、その成果を学界につぎつぎと発表した。ところが、学界の反応は芹沢の意に反して冷ややかで、星野遺跡で前期旧石器として報告されたものは、上層出土の一部の石器（チャート製尖頭器）をのぞいて、人工品とはみとめがたいとする意見が大勢を占めた。

それにさきだち、財団法人古代学協会の角田文衞《つのだぶんえい》、東京大学人類学教室の山内清男らは、大分県丹生《にう》遺跡で地元の研究者によって地表面採集された、粗雑で重

図４　大分県丹生遺跡の志村礫層出土の礫石器

厚な礫石器（チョッパー、チョッピング・トゥール）に注目し、前期旧石器発見の先陣争いを繰りひろげた。同様な礫石器は、東アフリカで初期人類がのこした石器と同じ形態をしたものであった。形態上の類似から、これらの礫石器を主体とした文化が後期旧石器に先行して存在したのではないかと考えたのである。

調査の主導権を握った角田文衛は、一九六二年から一九六七年まで六次の調査をおこなったにもかかわらず、志村礫層中から出土した一点の礫石器（図４）をのぞき、地表面で多量に採集された石器がもともと包含されていた地層を確認するまでにはいたらなかった。

また同じころ、山口大学の小野《おの》忠凞《ただひろ》教授は、本州西端の「水晶製石器」、さらに民間研究者恩田清によって採集された出雲の「瑪瑙《めのう》製石器」に注目し、前期旧石器として注意を喚起したが、学界の承認を得るまでにはいたらなかった。

未知の世界に果敢に挑戦する芹沢とは対照的に、岩宿の学術調査を主導し日本考古学界で不動の地位を確立していた杉原荘介は、前期旧石器の探索に批判的もしくは一歩引いたスタンスをとりつづけた。その背景には、青森県金木の砂礫層から出土する自然破砕品（偽石器）の調査が強い影響をあたえたものとおもわれる。

沈黙を守り続けていた杉原が一九六七年に発表した「Sugihara's Hypothesisを破ってほしい」（『考古学ジャーナル』第七号）という論文は、人工品としての石器認定に慎重さを要請するもので、加熱化する前期旧石器問題に一石を投じるものであった。このころから、前期旧石器の認定をめぐって杉原・芹沢の確執は表面化していく。彼らの門下生を巻きこんだ明治大学閥、東北大学閥という旧石器分野を二分する二極構図が顕在化し、これは後述するように旧石器発掘捏造の検証まで尾を引くことになる。

当時、前期旧石器問題を念頭において杉原が評して述べた、「明瞭な人工品は出土層の年代が判然とせず、出土層が明瞭なものは人工品としての決定的な確証に欠ける」というのが、おおかたの研究者の受けとめ方であった。

地質学者も巻きこんだこの一連の論争は、「前期旧石器存否論争」として研究史に名をとどめることになる。前期旧石器の存否問題の決着が棚上げ状態となった研究状況のなかで、東北の地に藤村新一という無名のアマチュア考古学者が彗星のように登場する。

2　ルビコン河としての座散乱木第三次調査

前期旧石器存否論争の熱も冷めやらぬなか、東北の地に突如として登場したのが、計器メーカーに勤めていた民間考古学研究者の藤村新一であった。

ひとり東北歴史資料館（現東北歴史博物館）を訪ね、当時学芸員であった藤沼邦彦に接し、考古学に足を踏み入れるきっかけをつくったとされるが、藤沼にはその記憶がないという。高卒で考古学の専門的教育をうけた形跡もない藤村は、博物館に通い実物の展示品を目にしながら独学で知識を得たのであろう。

日曜や祭日を返上し、来る日も来る日も自転車を駆ってひとり黙々と宮城県北部の江合川《えあいがわ》流域で遺跡の踏査をつづけていた藤村は、多くの遺跡の発見をもたらし、研究者たちに信頼され好感をもって受けとめられた。これが、研究者仲間たちに藤村のイメージを植えつけるのに大きな影響をあたえることになった。行動動物学でいう「刷り込み」の効果が奏功したようなものである。二〇余年間にわたって、共同研究者たちが藤村にたいしてなんの疑念も抱かなかった理由の一つがここに胚胎《はいたい》していたのである。

一九七四年、宮城県の考古学界に大きな転機が突然おとずれる。

図５　座散乱木の農道切り通しと標柱（2005年５月撮影）

藤村が宮城県岩出山町座《ざ》散《ざ》乱《ら》木《ぎ》の農道切り通しから縄文時代の遺物を採取し、仙台在住の研究者のもとにもたらした（図５）。

この知らせをうけ、一九七五年、宮城県在住の若手研究者たち（岡村道雄、鎌田俊昭、柳田俊雄、藤村新一等）が、県教委職員、市教委職員、大学関係者、一般市民などからなる「石器文化談話会」という民間研究団体を発足させ、座散乱木遺跡の発掘調査にのりだしたのが事の発端となった。余談になるが、この「石器文化談話会」なる看板は、わたしが学生時代に同志社大学の学生有志に呼びかけて結成した旧石器研究グループの私称「旧石器文化談話会」になぞらえたものである。これについては、後日、柳田俊雄から耳にした。この屋号の借用については、わたしに一言のことわりもなかったのであるが。

一九七七年におこなわれた座散乱木遺跡の第一次調査では、六層から縄文時代草創期のヘラジカまたはウマとされる動物形土製品（実際は近世の土人形か）、隆起線文土器片、有舌尖頭器、削器、小形両面調整石器などが発掘された。

一九七九年の第二次調査では、八層上面から後期旧石器時代の石刃製ナイフ形石器、削器、石錐などが発掘された。

このあと、新たな発見があった。

トレンチに近い農道脇の切り通し断面で藤村がさらに下位にある一二層上面から、のちの「前期旧石器」発見へ連なる「斜軸尖頭器」を見つけたのである（図6）。こうも不思議な発見が続く遺跡も珍しい。

当時、師の芹沢教授が主張する石英・珪岩製前期旧石器に否定的な考えをもっていた東北大学の岡村道雄助手は、一九七六年、相沢忠洋が北関東で発見した旧石器を中心に再検討し、前期旧石器時代から後期旧石器時代への移行期の石器群について注目すべき論文を相次いで発表した。それらの論文で当該期の標式石器としたのが、芹沢がかつて北関東の前期旧石器の研究で注目し、「斜軸尖頭器」という器種名をあたえた剝片石器であった。

岡村は、座散乱木の露頭から藤村が発見した石器のなかにこの斜軸尖頭器がふくまれている事実に驚愕《きょうがく》し、自分の仮説を証明する誘惑に駆られるなか、座散乱木遺跡の調査に主導的に

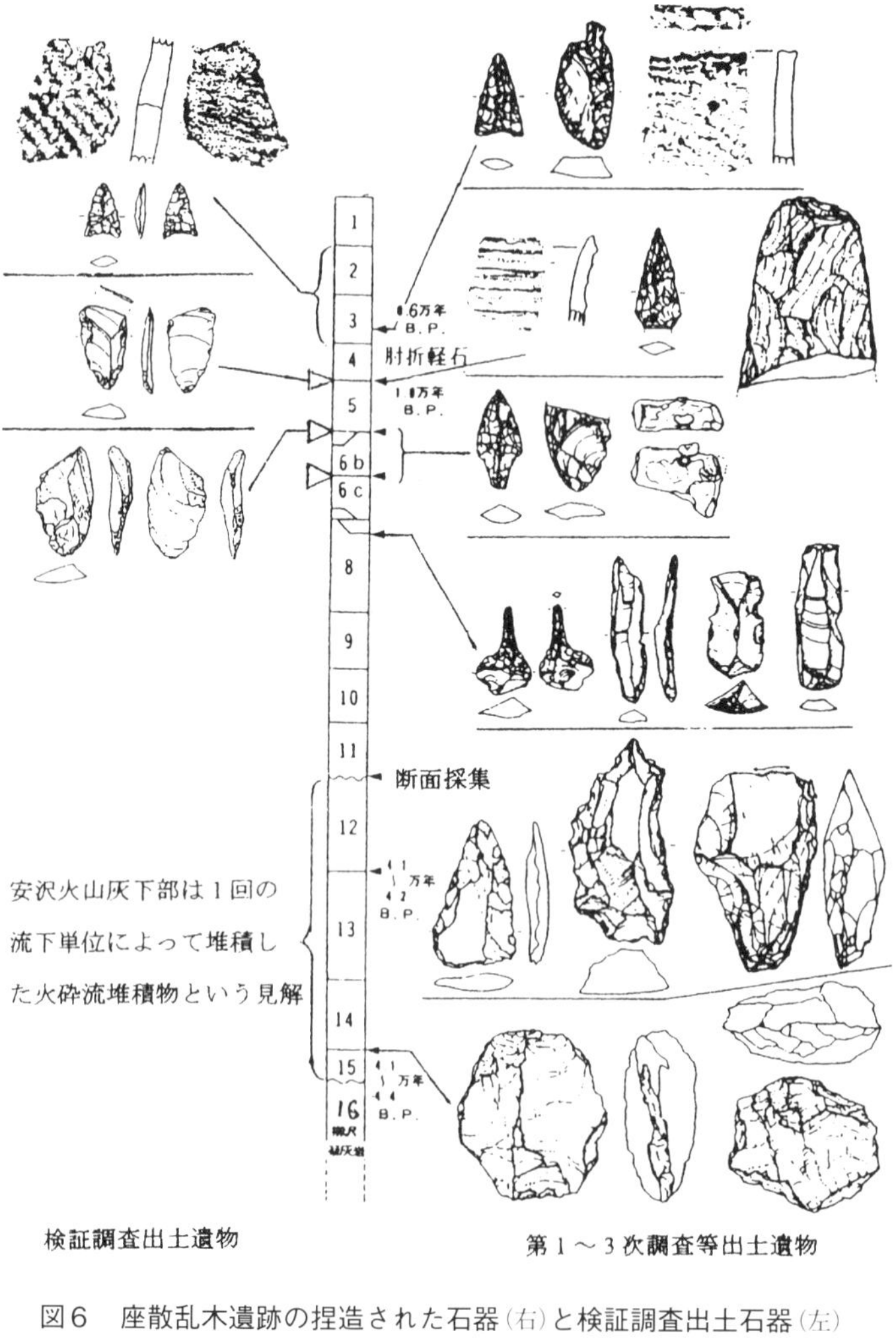

図6　座散乱木遺跡の捏造された石器(右)と検証調査出土石器(左)

図7　座散乱木遺跡第３次調査の現地説明会（1981年10月撮影）

携わることになっていく。捏造発覚後の二〇〇二年四～六月の座散乱木遺跡の検証調査で判明したことであるが、これもまた巧妙に仕掛けられた罠《わな》だったのである。

一九八一年、「前期旧石器存否論争」の決着をうたって第三次調査が実施された（図7）。この調査で後期旧石器包含層（八層）の下位の一三層上面から前期旧石器とされる斜軸尖頭器、削器、剥片など計四九点が、また一五層上面から両面調整石器、剥片、敲石《たたきいし》など計一四点が発掘された。

調査団は、一三・一五層をふくむ一二～一五層を安沢《やすざわ》火山灰下部とし、地層が赤色を呈するとともに、一二層上面の凹凸を見せる波上部を北上山地周辺で広く観察される約三・三万年前の周氷河性巻込み現象（インヴォルーション）と対比し、当時、ヨーロッパの後期旧石器時代の開始年代と考えられていた三万年前という年代をさかのぼることから、前期旧石器と位置づけた。その後の研究では、安沢火山灰下部という地層は約八万年前に鳴子《なるこ》火山からの噴出物で柳沢火砕流と同じものとされている。

座散乱木遺跡は、前期旧石器存否論争に決着をつけた遺跡として、一九九七年には「国史跡」に指定された。

座散乱木遺跡の第三次調査には、ひとつのエピソードがある。

第三次調査の際、農道切り通しで藤村が「斜軸尖頭器」を引き抜いたとされる一二層を調査団が、藤村が仕事の関係で現場に顔を出せなかった一週間、いくら掘りつづけても一点のかけらさえ出土せず、その地層を掘り終えたあと藤村が顔を出した途端、一三層から石器が出土しはじめた、という。これが、「前期旧石器存否論争」に決着をつけたと喧伝された一三層出土石器群の顛末《てんまつ》なのである。しかも、その地層は、なんとガスが抜けたパイプ構造をもち、地質学者が初生《しょせい》（噴出時）の火砕流と認定した堆積物であった。この赤色を呈する堆積物は、調査団によって古土壌（土壌学でいう古赤色土）に類するものとみなされた。

この当時、日本の前期旧石器時代と後期旧石器時代の境界は、ホモ・サピエンスが登場するヨーロッパの年代基準を無批判に援用し、三万年前ころに仮定されていた。この「三万年前の壁」と、誰が見ても人工品として異論をさしはさまない石器という二つのハードルをクリアすることが、前期旧石器存否論争に終止符を打つ必須条件とみなされていた。

だれもが異論を差し挟まない石器という基準については、国内に拠るべき比較資料がなかったため、作業仮説的に考えられた目安にすぎず、ホモ・サピエンスが登場する以前の人類がつくりだした石器の実情を無視した理念上の基準であった。

座散乱木遺跡の調査現場を訪れた、新井房夫群馬大学教授とともにテフラ研究の双璧である町田洋都立大学（現首都大学東京）教授やその愛弟子の早田勉《そうだつとむ》が現地におもむき、前期旧石器を出土した安沢火山灰下部の一三・一五層を初生の火砕流堆積物であると指摘すると、調査団のメンバーは深刻な動揺に見舞われた。調査成果を水泡に帰しかねない、きわめて重大な指摘であることから、調査団内に動揺が生じ、つかみ合いになりかねないほど熱く議論されたらしい。

このとき、岡村道雄らは「地層の中から石器が出土した」という眼前の事実をなによりも重視し、町田洋らが指摘した初生の火砕流層を二次堆積と強引に解釈することで、この問題を押し切ってしまった。

これは、捏造発覚後に関係者から直接耳にした話である。

火砕流堆積物というのは、まだ記憶に新しい雲仙普賢岳や北米セント・ヘレンズ火山の火砕流に見られるように、高温のガス、岩屑が火山の斜面を高速で流れくだって形成された地

図８　座散乱木遺跡の柳沢火砕流（2002年6月撮影）

層で、とてもヒトが住めるような環境ではない（図８）。それは調査団員のだれもがよく認識していた。

しかし、現実にその火砕流堆積物から石器が出土するという事実を合理的に説明しなければならない。そこで考え出されたのが、火砕流堆積物を二次堆積とする解釈であった。一度堆積した火砕流層が雨水等の自然作用で流され再堆積した地表面で旧石器人が何らかの活動をおこなって石器をのこした、というように自分たちに都合のいいように解釈してしまった。火山ガスが抜けたパイプ構造が厳然として確認されることから、二次堆積という解釈が成立する余地はなかったにもかかわらず……。

このとき、調査団のだれかが石器を地層のなかに埋め込んだのではないかということに考えがおよんでいたなら、地質学者が指摘した初生の火砕流堆積物から石器が出土するという不可解な事実とともに、石器に残された不審な痕跡ともあわせて、整合的に理解できたはずである。

そのように考えをめぐらしたならば、その後二〇年余にわたってつづいた発掘捏造を早い時点で阻止することができたかもしれず、なんとも悔やまれてならない。しかし、現実にはだれひとりとして、仲間を疑うことにはおもいもいたらなかった。このとき戦々恐々たる気分に襲われたのは、石器を埋めた張本人だけだったにちがいない。その人物はこの難関を潜り抜けたことで、ひそかに自信を深めたことであろう。

この背景におもいをめぐらすと、おそらく、長い間存否論争が続いていた前期旧石器時代という前人未踏の世界を切り拓く自負と気分の高揚が冷静な思考と判断を妨げたのであろう。考古学の研究を志すものは、深く肝に銘記すべき事柄である。

なお、座散乱木遺跡の第三次調査にさきだつ一九八〇年には、仙台市山田上ノ台遺跡の発掘現場に藤村新一が姿を現わした途端、川崎スコリア層（約二・六〜三・二万年前）の下層の水成堆積物中から珪質頁岩や粗粒安山岩を石材とした石器が検出された。後者は一見して大分県早水台遺跡の石英粗面岩製のいわゆる「前期旧石器」を髣髴《ほうふつ》とさせ、それをイメージしたものとおもわれる。

それまで珪岩製前期旧石器に批判的もしくは沈黙を守っていた國學院大學の小林達雄教授、明治大学の戸沢充則教授という学界の重鎮も、この遺跡から出土した「前期旧石器」の人為性をみとめ、称賛したほどである。皮肉なことに、このふたりは、のちに日本考古学協会特別委員会の委員長をあいついでつとめることになる。

二〇〇二年に仙台市教育委員会が実施した山田上ノ台の再調査では、川崎スコリア層の下位の地層から粗粒安山岩製の石器は見つからず、捏造されたものと判断された。なお、川崎スコリア層の上位から出土した後期旧石器については、検証調査でもナイフ形石器など二五〇点、炭化物集中部一ヵ所が原位置で検出され、捏造はなかったと判断された。

3　馬場壇A遺跡以後の調査

一九八四年四月、座散乱木遺跡の赫々《かくかく》たる調査成果をうけ、その成果をさらに拡大する目的で宮城県古川市馬場壇A遺跡の調査が岡村道雄技師を担当者に東北歴史資料館によっておこなわれ、以後も毎年継続して一九八六年まで四次におよぶ学術調査が実施された（図9）。座散乱木遺跡で前人未踏の前期旧石器発見という成果の宣伝効果もあって、全国から旧石器時代の研究を志す大学院生や学生が調査に参加し、異様な熱気と雰囲気のなかで調査は進められた。

図９　馬場壇Ａ遺跡の調査風景（1985年5月17日撮影）

ここでも藤村が石器の第一発見者となり、調査は座散乱木での発見を追認する役割をになった。その後も調査は継続され、二〇層上面（一一～一三万年前）では石器集中部が六ヵ所と、三ヵ所の炉跡の存在をうかがわせるような磁化異常部が検出されたほか、出土した石器と周囲の土壌から帯広畜産大学の中野《なかの》益《ます》男《お》教授によって動物の脂肪酸が検出され、ナウマンゾウのものと同定された。石器に付着した脂肪酸から動物種まで判明したのは日本では初めてのことで注目を集めた。しかし、一〇万年前の脂肪酸が現代まで遺存するメカニズムについては十分説明されていない。

　脂肪酸分析については一つのエピソードがある。京都市内にある近世遺跡の緊急発掘調査の現場で、サンプルの出所を分析者に伏せて分析を依頼したところ、本来検出されるはずの土壌からは検出されず、かえって検出されるはずのない場所のサンプル（ダミー）から脂肪酸が検出された、という話を故山下秀樹から耳にしたことがある。

この分析法の紹介と普及に一役買った故佐原眞《さはらまこと》国立歴史民俗博物館長の熱意にもかかわらず、捏造発覚後は脂肪酸分析という言葉はとんと耳にしなくなった。はからずも、自然科学的手法という言葉を聞いただけで盲信してしまう傾向が強い人文系考古学の限界を露呈する結果となった。

馬場壇Aでは、石器を製作したときに生じる砕片（石屑）の出土も報じられた。このような微細なものまで埋め込むとは、常識的には考えられない。他の捏造遺跡では砕片の報告はいっさい聞かれず、その砕片がまぎれもない人工品とすれば真の前期旧石器遺跡を掘り当てた可能性もある。特別委第四作業部会の検証の際、東北歴史博物館に所蔵されているはずの同資料の実見を希望したが、どこにしまいこまれたものやら、現物にはお目にかかれずじまいとなった。何の変哲もない石屑といえども、遺跡の名誉にかかわるものだけに、ないがしろにできないことを、肝に銘じるべきであろう。

一九八五年五月、わたしは連休を利用し、第三次調査がおこなわれていた馬場壇A遺跡の発掘現場を初めて訪れ、調査の状況をつぶさに観察する機会を得たが、あいにく藤村は不在で、石器が出土する感動的な場面に遭遇することができなかった。そのとき、遺跡の名は忘れたが、調査員のひとりによって藤村が見つけてきた遺跡の一つに案内され、道路の切り通しに少しだけ頭をのぞかせ、崖面の赤土から頭を出していた小さな剥片を見せてもらった。

ひなびた集落のなかにとけこんだ、赤いトタン葺き屋根のこじんまりした無住寺が調査団の宿舎であった。その本堂や庫裏に全国からボランティアとして馳せ参じた考古学者の卵である学生たちと合宿し、高揚感に満ちた調査参加者たちの熱気に圧倒された記憶が忘れられない。特別委の副委員長をつとめる春成秀爾《はるなりひでじ》が座散乱木遺跡の検証調査の折にふとわたしに漏らした、「あの熱気はいったいどこからきたのだろうか」という意味深な言葉が、なんとも虚しく心に響いた。

一九八七年四月、座散乱木・馬場壇Aの調査を牽引してきた岡村道雄は、文化庁文化財保護部記念物課に文化財調査官として赴任する。前期旧石器遺跡の解明と里浜《さとはま》貝塚の緻密な調査・研究の実績が買われてのことであろう。

岡村が宮城を離れたあと、前期旧石器遺跡調査の主導権をめぐって、宮城県教育委員会を後ろ盾とした東北歴史資料館（現東北歴史博物館）と石器文化談話会の鎌田俊昭との間で軋轢《あつれき》が生じた。最終的にヘゲモニーを執ったのは、多賀城市で寺の住職をつとめる鎌田であった。氏は明治大学大学院で考古学を修めたのち、多賀城市にある東北歴史資料館に勤務したキャリアをもち、戸沢充則の愛弟子のひとりとされた。

一九九二年八月、石器文化談話会と袂《たもと》を分かち、鎌田は藤村新一、梶原洋、横山祐平を誘って、新たに東北旧石器文化研究所（のちにNPO法人に指定）を立ち上げた。

岡村が文化庁へ去ったあと、馬場壇A以来、東北歴史資料館の事業の一環として継続してきた前期旧石器遺跡の調査は、山田晃弘をはじめとする県教委の若い研究者たちに引き継がれた。いずれも東北大学の芹沢門下生につながり、岡村の後輩にあたる面々である。彼らが馬場壇Aに代わって新たなターゲットに選んだのは、これまた藤村が見つけてきた宮城県月館《つきだて》町の高森遺跡であった。第一次調査は石器文化談話会がおこない、第二～四次調査は東北歴史資料館が主体となって調査が進められた。

一九九三年五月、宮城県教委の山田晃弘らは四次にわたる調査成果を県庁で記者発表し、出土石器の電子スピン共鳴法、石器出土層の古地磁気層序・熱ルミネッセンス法の測定結果にもとづき、約五〇万年前の日本最古の遺跡として北京原人と肩を並べる原人段階の遺跡であることを確信に満ちた表情で公表した。

これに刺激された築館町は「原人の里」というキャッチフレーズで町起こしに一役買わせ、地元の商工会では「原人饅頭」、清酒「高森原人」、あげくは「原人ラーメン」まで登場し、町をあげての原人ブームを巻き起こした。原人の化石が見つかったわけではなく、かつて吉野ヶ里遺跡を引き合いに「まるで耶馬台国が見えるようだ」という老獪《ろうかい》なキャッチフレーズで観光客を集めた手管《てくだ》を想起させる。わたしには、こうしたやりかたは実体のない幽霊商法とあまり変わらないようにおもえるのだが、地域振興に躍起な地元の思惑は学術上の問題を遠くに押しやってしまった。ここでは、商業主義という別の論理が自己増殖してしまった。ここにも大きな問題がありそうである。前期旧石器発見ブームは、築館町・秩父市の例を見ればわかるように、考古学が地域に勇気をあたえ過ぎたきらいがある。

行政側からすれば、地域振興に考古学の成果を安易に利用することの危険性をものがたる教訓としてこころすべきであろう。

高森遺跡の発見と第一次調査をおこなった石器文化談話会は、調査成果を東北歴史資料館に横取りされたというおもいをつのらせる。

一九九四年十月、鎌田・藤村は高森遺跡から五〇㍍《メートル》ほどの距離にある上高森（図10）でさらに古い地層から石器埋納遺構なるものを検出し、注目を浴びた。同様な埋納遺構は、その後の調査でも次々と見つかり、発覚するまでに計七つにのぼった。その七つ目の埋納遺構を藤村が捏造している現場を毎日新聞の取材班に撮影された。ラッキーセブンとは裏腹に運の尽きとなった。また、上高森では建物状遺構とされるものも発見され、正式の調査報告書も発表されないまま、教科書にもその名が登場するようになる。

図10　宮城県築館町上高森遠景（1999年11月1日撮影）

同年十月には、宮城県教委が主催したシンポジウム「日本最古・高森遺跡の年代を探る」の開催日に合わせて、東北旧石器文化研究所は上高森遺跡の調査成果を記者発表するという挙に出た。両者の確執は、高森遺跡の調査以来、水面下で増幅し続けていたのである。「日本最古・高森遺跡」というキャッチフレーズを掲げた宮城県教委・東北歴史資料館の面子はまるつぶれとなった。東北旧石器文化研究所にしてみれば、県教委にたいする強烈なしっぺ返しである。

高森遺跡も、もとはといえば藤村が発見したもので、氏が東北旧石器文化研究所に取りこまれ東北歴史資料館の発掘現場に現われなくなると、前期旧石器の出土はぱったり途絶えてしまった。一九九四年十一月、わたしが高森遺跡の調査現場を訪ねたときには、表土層直下から後期旧石器時代の頁岩製石器が一点だけ出土していたにすぎなかった。調査の士気はいっこうに上がらず、調査員の落胆ぶりが見るも気の毒なほどであった。

高森、上高森をめぐる宮城県教委・東北歴史資料館と東北旧石器文化研究所との間に生じた深刻な確執は、捏造発覚以後も深い遺恨となって長く尾を引くことになる。二〇〇一年の上高森遺跡の検証発掘の際、縄文時代の落とし穴遺構が検出されたにもかかわらず、県教委は上高森を遺跡台帳から抹殺してしまうという尾ひれまでついた。

図11　岩手県岩泉町ひょうたん穴遺跡遠景

高森・上高森遺跡をめぐる確執は、県教委と民間組織（東北旧石器文化研究所）のトップの出身母胎である東北大学と明治大学という旧石器分野の二大学閥の代理戦争の様相さえおびたものであった。ひとり藤村だけが両者の狭間で翻弄されることになった。捏造発覚後、特別委の戸沢充則委員長（明治大学名誉教授）が宮城県下の疑惑遺跡の検証と処理で苦悩する遠因の一つは、ここら辺に起因していたのである。藤村という金の卵を抱きこんだ東北旧石器文化研究所は、以後、前期旧石器時代の調査・研究で主導権を握ることになった。

その戦略目標は、日本最古の遺跡の探求と、これまで日本で誰ひとりとして達成したことのない旧石器時代人骨の発見に絞られた感がある。化石人骨の発見をもくろんで白羽の矢を立てたのが岩手県岩泉町のひょうたん（瓢箪）穴遺跡であった（図11）。上高森遺跡は二〇〇〇年十月に毎日新聞旧石器遺跡取材班が藤村による決定的なシーンをビデオにおさめるまで、六次におよぶ調査が重ねられることになる。

座散乱木遺跡の調査を機に設立され、全国に名を馳せた石器文化談話会は看板だけのこして、東北の旧石器研究史のなかでの歴史的な役割を終えることになる。民間（一般市民）と官（大学・地方自治体）との連携を標榜《ひょうぼう》して新たな考古学の地平を切り拓こうとした会設立当時の理念と精神は、指導的な立場にあった研究者たちの個人的な思惑や調査の主導権争いのなかで翻弄《ほんろう》され、朝露のごとく消え去る運命をたどってしまった。その陰で置き去りにされた市民会員の心情を推しはかると、旧石器研究者のひとりとして心が傷む。こうしたことを繰り返すようでは、日本考古学は市民に支持され根をおろすことはできないであろう。

これよりさき、一九八九年七月、福島県上野出島《かみのでじま》の露頭で藤村が石器を抜き出したのを契

図12　山形県袖原３の発掘風景（1999年11月2日撮影）

機に、福島県下の大平《おおひら》、竹ノ森、原セ笠張、箕輪《みのわ》宮坂《みやさか》でも次々と前期旧石器の出土が報じられた。藤村とは石器文化談話会の発足当時から昵懇《じっこん》の間柄にあった郡山女子短期大学（当時）の柳田俊雄教授が発掘調査を担当した。これらの遺跡の発見にも仙台から福島に転勤した藤村が発見と調査に深く関与したことはいうまでもない。福島県でも石器が見つかるのは、藤村が現場にやってきたときに限られた。

柳田俊雄は同志社大学のわたしの後輩で、学生時代に大阪府と奈良県境にあるサヌカイト原産地二上山《にじょうさん》北麓の分布調査報告書『ふたがみ』（学生社刊）の作成を共にした間柄で、卒業後、宮城県教委の嘱託を経て、東北大学大学院に進学後、大分県岩戸遺跡の調査報告書をまとめ、西日本の後期旧石器時代研究にたいする批判的な論文を発表するなど、屈託のない人柄もてつだって、新進気鋭の研究者として名が知られていた。

奇妙なことに、藤村が福島に転勤してから仙台に再転勤するまでの数年間、宮城県では前期旧石器が出なくなった。一九八〇年代末から一九九二年までのことである。読者には、この意味がおわかりであろう。

一九九二年、藤村の勤務地が仙台に復したのち、山形県尾花沢市袖原《そではら》3（図12）、宮城県上高森、岩手県ひょうたん穴の調査が東北旧石器文化研究所のメンバーによって進められていく。やがて前期旧石器時代の遺跡は埼玉県、北海道と東日本のほぼ全域に拡大し、当事者の間でなんの疑念もいだかれず、二〇〇〇年十一月の捏造発覚という破局を迎えるまでいっきに突き進んでしまったのは周知の通りである。こうした一連の発見を盲信し後押ししたのは、マスメディアであった。

4　小田静夫らによる批判

この間、小田静夫、C・T・キーリは、一九八六年に宮城県下の前期旧石器に対して異論を唱える論文「宮城県の旧石器及び「前期旧石器」時代研究批判」（英文）を『人類学雑誌』第九四巻第三号に発表した。なお、前年には『科学朝日』七月号誌上にも、インタビュー記事ながら、小田が同様な疑義を表明している。

これらは、小田自ら調査を手がけた武蔵野台地での発掘経験をもとに、藤村関与遺跡にたいして多岐にわたる疑念を表明したものである。

要約すれば、①石器として報告されたものにたいする人工品としての疑念（山田上ノ台下層石器群、座散乱木一五層上面、馬場壇Ａ遺跡一九〜三三層、中峯Ｃ遺跡Ⅳ・Ⅶ層）、②初生の火砕流層からの石器の報告（座散乱木一三・一五層上面）、③ほとんどの遺跡で層理面（地層と地層との境界）に張り付いた状態での出土（武蔵野台地の遺跡では上下の深度差を見せて出土するのが通例）、④動物形土製品にたいする疑義、⑤押圧剝離でつくられた棒状石錐（縄文時代に通有）とナイフ形石器との共伴（座散乱木八層上面）への疑問などである。

小田らの論文にたいする大多数の旧石器研究者の反応は冷ややかなものであった。その背景には、前期旧石器の発見を肯定・歓迎する心情と、座散乱木、馬場壇Ａの華々しい調査成果が既定の事実として容認され深く浸透していたのである。

小田らの批判では、藤村関与石器にたいしてすべてを非人工品としたわけではなく、一部の石器については人為物とみなし、武蔵野台地Ｘ層出土石器群（西ノ台Ａ、中山谷《なかざんや》遺跡）に対比した。氏らが人為性を否定した藤村関与石器は、特別委の検証を経て、一部に人工品として疑わしい例をふくみながらも、その大部分については東北の縄文遺跡から採集された人工品とみなす点では共通理解がある。したがって、特別委のメンバーと小田らとの間に石器認定にあたって重大な齟齬《そご》が生じていることになる。これは、研究者によって人工品か否かをめぐって認定基準が異なるという、根底的な問題を提起するものである。

宮城県下で「石器」が出土した地層の地質編年を度外視し、小田が自ら調査した資料にもとづいて構築した野川流域（武蔵野台地）編年にあてはめていく手法は、のちに岩手県金取《かねどり》遺跡下層石器群についても踏襲されており、氏の常套手段である。発掘捏造後、旧石器発掘捏造にたいする小田らの先見性を称賛するあまり、氏らの論証プロセスの是非が議論の俎上にのぼっていない現状にたいして苦言を呈しておきたい。

小田、キーリが提示した疑問点のほとんどは、論文公表から一四年後に発覚した発掘捏造という行為に照らしたとき氷解する。しかし、その時点までに山田上ノ台、座散乱木、馬場壇A、鹿原《かのはら》D、中峯C、志引《しびき》と調査が相次ぎ、前期旧石器時代という前人未踏の世界への扉を開けた達成感・高揚感と調査実績に確信をいだいていた当事者たちにとって、むしろ、言いがかりと受けとめたきらいがある。

小田らの批判にたいしては、鎌田俊昭による反論「宮城県における旧石器時代前・中期の諸問題」がわたしの主宰する『旧石器考古学』三四号（一九八七年）誌上に掲載された。捏造発覚後、人口に膾炙されているような「相互批判というシステムが機能していなかった」という批判は、事実関係に照らして当を得たものではない。わたしも『旧石器考古学』の編集に携わっていた関係上、東京で開催された日本考古学協会大会の折、小田とたまたま顔を合わせたとき、「反論されるのであれば、いつでも誌面を提供しますよ」と声をかけたが、その後なんの音沙汰もなかった。

これは余談であるが、発掘捏造が毎日新聞によってスクープされた当日、東京の朝日新聞の記者から、電話でコメントを求められてきたが、すぐさま小田静夫や竹岡俊樹の名を紹介し、わたし自身のコメントは控えさせてもらった。捏造発覚以前から疑念を呈していた両氏こそがコメンテーターにふさわしいと考えたからである。

当事者たちにとって、外部からの批判にたいする冷静な対応がまだしも可能であったのは、座散乱木第三次調査（一九八一年）で初生の火砕流とされた地層から石器が検出された時点であったとおもわれる。さきにふれたように、このときルビコン河は渡られ、一九八六年の時点では、もはや後戻りできないところまできてしまっていた。ここにも大きな問題が隠されている。

本事件の一連の経過をたどるにつけ、科学以前の問題、日本考古学がそのDNAの一部としてひきずってきた、研究体質と科学的思考にかかわる深淵な問題があたかも凝《こ》りのように伏在するようにおもえてならない。

一九八七年、小田、キーリの批判を封じるかのように、氏らの膝元の東京都稲城市多摩ニュータウン四七一―B遺跡で東京軽石層（約五万年前）を挟む上下層準から石器の出土が報じられた。それまで小田が探索していた武蔵野台地に隣接する多摩丘陵から、いとも簡単に前期旧石器なるものが発見されたのである。

いまにしてみれば、これも石器の発見に藤村が深く関与し、多摩丘陵での前期旧石器発見は氏の同僚たちによって仕組まれたものではないかという推測に駆られる。小田らの批判以後、捏造遺跡が東日本各地に拡大していくのは、前期旧石器の認知を推し進めていくという既定の方針に沿ってのことであろう。

小田らの批判以後、日本考古学協会をはじめ、学界の大勢は藤村関与の前期旧石器を容認する方向で推移していったのは周知の事実である。そして高校日本史Bの教科書も座散乱木、馬場壇A、上高森をとりあげるようになった。こうした潮流は、小田らの異論を封じこめ、一九九八年の『旧石器考古学』五六号誌上の竹岡俊樹による論文発表まで、批判に類する意見は影を潜めてしまった。

一九九〇年代に入ると、日本の旧石器時代の上限は、十万年という単位で古くさかのぼってゆく。一九九七年に仙台市の東北福祉大学で開催された芹沢長介傘寿《さんじゅ》記念国際シンポジウムで、藤村は一〇〇万年前の遺跡の発見さえ予言し、豪語するまでになった。

後日、ソウルで、このシンポジウムに韓国から出席し、展示されていた前期旧石器を実見した洪美瑛《ホンミヨン》から意外な言葉を耳にした。彼女は、捏造とまではっきり言わなかったが、単刀直入に「前期旧石器にしては奇妙だ」という。なぜそうおもうのかと問いただしたところ、「自分の国（韓国）で出土する前期旧石器に較べて、（石器製作の）技術が発達し過ぎている」と、つぶやくように漏らしたのである。彼女は旧石器研究の先進地であるフランスに長い間留学した経歴をもち、そこで学んだ知識と経験を活かしながら、韓国の旧石器研究に新風を吹き込みつづけている中堅研究者で、わたしも一目置く存在である。

これよりさき、一九九二年、韓国国立文化財研究所が主催する国際シンポジウム（ソウル）に招待された文化庁の岡村道雄文化財調査官（当時）は、韓国の脈石英製旧石器を見て「人工品ではない」といったという。これは、後日、韓国の裵基同教授から直接耳にした話である。

海を隔て一衣帯水の間柄にありながらも、両国の研究者間での認識の落差の大きさに愕然とさせられる。どちらも自らの体験にもとづいた認識を下敷きにした発言だったからである。

この話を聞いて、研究者といえども、所詮、人間であり、自ら経験してきた知識の枠組みのなかでしか考えられないのか、という暗澹《あんたん》とした気分に襲われた。岡村が拠って立った日本の「前期旧石器」が崩壊したいまとなっては、洪美瑛の認識が正しかったのはいうまでもない。国際的な学術交流と比較研究の重要性をいかんなくものがたるエピソードとして紹介して

図13　上高森の石器埋納遺構2

おく。

　一九九五年、上高森の調査では、浅い土坑のなかに色とりどりの石材を用い両面を調整した「ヘラ状石器」をU字形に配置した約六〇万年前の石器埋納遺構2（図13）が見つかった。「ヘラ状石器」は、明らかにハンドアックスを意識したものである。発掘担当者たちは、これらの配置を女性器と男性器の交合になぞらえて解釈した。捏造した張本人といい、また共同研究者といい、なんと想像力のたくましいひとたちであることか。なんとなれば、世界各地のホモ・エレクトゥス（原人）がのこした遺跡を見わたしても、象徴的表象を示す遺物・遺構はなにひとつ見つかっていないのである。

　発見当時、毎日新聞をふくめて、マスコミは前期旧石器時代のホモ・エレクトウスの知的能力を再評価するセンセーショナルな大発見と報道した。こうした一連の発見をとりあげ、NHKは考古学者の森浩一同志社大学教授（当時）とともに藤村をわざわざゲストとしてスタジオ

図14　仙台市野川遺跡1号土坑の石器出土状況

に迎えテレビ出演させたほどである。

土坑のなかに石器類を埋置した例は、お膝元の仙台市野《の》川《がわ》遺跡という縄文時代草創期の遺跡から出土していたばかりか（図14）、同様な事例は過去にも本州の草創期のいくつかの遺跡で報告されていた。野川遺跡は上高森で最初の埋納遺構が発見されるほんの少し前に発掘されていたので、時系列はピッタリ合う。上高森の埋納遺構のモデルは近くにあったのである。

埋納遺構2を発掘している状況を撮影したビデオには、竹串で石器を掘り出しているシーンが写しだされていた。国立科学博物館の馬《ば》場《ば》悠《ひさ》男《お》人類研究部長（当時）は、これを見て咄嗟《とっさ》にインチキだと直感したという。氏は、長年、インドネシアのホモ・エレクトゥスの探索と発掘調査に従事し、豊富な現場経験をもつ、日本では数少ないフィールド人類学者として知られる。氏が担当されたジャワ島（インドネシア）の発掘現場の土層は、竹ベラを受けつけないほど固く締まっていたのであろう。

わたしの発掘経験に照らしても、奈良県桜ヶ丘第一地点遺跡の約二万年前の地層（黄褐色シルト層）から出土する石器は、長い年月の経過とともに埋没後の地層の続成作用がくわわって、金属製のドライバーを使わないと掘り起こせなかった経験もある。ただし、遺跡によっては堆積物の性状に応じて異なり、土層の硬さや締まり具合はどこもおしなべて一様というわけではない。

このころから、わたし自身、東日本の前期旧石器研究の推移に、なんとなく嫌気を感じるようになっていた。発掘調査がマスメディア向けのショーに堕してしまった感を強くしたのと同時に、年を追って新聞誌上で「最古の遺跡」という見出しがつぎつぎと塗り替えられていく事態に、なんとなく胡散臭《うさんくさ》さを感じるようになった。ついていけない気分になっていた。さりとて、東北まで遠路出かけていき、実情をみずから確かめる気にもなれなかった。いつかは自分たちで墓穴を掘る事態になるかもしれない、というおもいが頭をよぎった。

捏造発覚の一年ほど前だったか、東京のとある出版社の編集部から、わたしの大学の先輩が監修する考古学シリーズものへの執筆依頼の打診をうけたが、あまりにも急テンポで進む前期旧石器研究の推移に一抹の不安を感じとっていたこともあって、「研究の推移は流動的で、どのように展開するのかわからないので〈執筆に〉責任をもてない」と、ていよく申し出をことわった。結果的には、それは正しい選択であった。もし引き受けていたなら、岡村道雄の著作『縄文の生活誌』（小学館、二〇〇〇年）のように改訂版の刊行を余儀なくされたにちがいない。

日本の前期旧石器時代の研究は、国内に直接の比較資料を欠落したまま進められてきたのはいうまでもない。いかなる時代の研究にもいえることだが、比較資料がないと、研究が独断に陥るのを避けられず、「反復検証」を旨とする科学の基本から遊離した研究に陥る弊害がつきまとう。この点に、未開拓の分野に脚を踏み入れて研究を進めていく方法上の困難さがある。

藤村関与の旧石器研究は、周辺大陸の前期旧石器との乖離《かいり》が時間を追うにつれて顕在化し、研究の初期に垣間見られた東アジア的視点は顧みられなくなり、ひたすら年代の上限のみが追求されていった。こうした風潮のもと、中国や朝鮮半島の大陸側の前期旧石器文化との接点を模索する方法は棚上げにされ、日本列島という周囲を海で囲まれた小宇宙のなかで自己完結的に研究は進められていった。その行きつく先には、研究の破綻《はたん》という悲劇的な結末が待ちかまえていたのである。

欧米の理論や目新しい研究方法の導入には熱心であるが、周辺大陸の研究動向には意外と無頓着な考古学界のアジア軽視史観は、近代考古学の導入期から考古学研究者のＤＮＡにがっしり組み込まれ、こんにちに引き継がれているようにおもえてならない。それは、あたかも研究者の皮膚の一部になっているようなもので、そう簡単には脱皮できない代物である。

このような研究の現状と閉塞状況を打開するためにも、周辺諸国の研究者との間で真に実効性のある国際的な研究交流の重要性が痛感される。いうまでもないことだが、旧石器時代には国境はなく、国家や国旗を背負って議論する必要もなく、また狭隘《きょうあい》な民族主義が幅を利かす余地もない。これはまた東アジア的視野のもとで、日本列島の旧石器文化の相対化と客観的な評価へつながるであろう。もともと科学的思考に国籍や国境があるはずはなく、それをつくりだすのはあくまでも研究者ひとりひとりの意識と認識にある。

一九九二年三月、わたしと故李炎賢《リヤンシャン》研究員（中国科学院古脊椎動物古人類研究所、ＩＶＰＰ）による音頭取りとお膳立てで、日中国交回復二〇周年にあたって日中旧石器学術訪中団を組織し、北京の中国科学院古脊椎動物与古人類研究所、山西省考古研究所、陝西省文物考古研究所のほか周口店遺跡、許家窰遺跡、青磁窰遺跡、丁村遺跡、藍田人遺跡を訪ね、きわめて友好的な雰囲気のなかで著名な中国人研究者たちとの研究交流、所蔵旧石器を実見する機会を得た。

北京動物園の前にある古脊椎動物古人類研究所では、実見を希望した有名遺跡出土の石器が調査担当者の研究室に用意され、訪中する前に耳にしていた噂と違い、メモやスケッチはもとより写真を撮影するのも自由で、二日間にわたっておもいもよらない破格の歓迎をうけた。日本側も最新の研究成果を紹介し、さらにディスカッションの時間も設けられた。研究所側では

図15　周口店第1地点石英2層出土の石器

ささやかではあるが心のこもった昼食も用意され、日本側では返礼に夕食に招待した。この年の五月には天皇の初訪中も予定され、日中国交回復以降、両国の友好関係はひとつのピークを迎えていた。

このときの訪中で知り合った多くの中国人研究者たちとの個人的な親交はつづき、いまもなお、中国でわたしが関わる国際プロジェクトを陰に陽に後押ししてもらっている。

訪中団の一行にくわわっていた鎌田俊昭・山田晃弘は他の遺跡の資料には目もくれず周口店遺跡出土の石器（図15）だけに絞って二日間、熱心に石器の観察をおこなっていた。そのとき、「東北の前期旧石器とくらべてどうですか」と訊ねたところ、鎌田から「東北の石器は剥離痕の枚数がやたら多い」という返事がもどってきた。石材の違いはいうまでもないが、そのとき両者の間になにか埋めがたい溝を感じとっていたのかもしれない。

5　破綻を見せた前期旧石器の型式編年研究

研究のある時点、一九八〇年代の終わりころまで一三万年前から三万年前までの地層には似通った石器（斜軸尖頭器）がきまって出土し、それよりも古い地層から出土する石器は形態が異なるというふうに、地層の古さと石器の型式変遷が齟齬《そご》なく説明できると考えられていた。時期によって石器のつくり方や形態が違うというのは、世界各地でごく普通に認められる現象である。だからこそ、旧石器時代の考古学研究が成り立つわけである。

藤村は、おそらく周囲にいた研究者たちからの耳学問であろうが、石器の型式変遷について自分の頭のなかに、ある種のイメージを描いていたようにおもわれる。それがないと、系統的に長期間にわたって発掘捏造を続けることは不可能と考えられるからである。

事件発覚後、岩手県埋蔵文化財センターでの資料調査の帰途、同行していたわたしのもっとも信頼する同僚である魚津市教育委員会（現魚津市立図書館長）の麻柄一志《まがらひとし》の口からついてでた「わたしにはあれほど系統だって、矛盾しないように遺跡を捏造することはとてもできません」という言葉が、いまでも鮮明な記憶となってよみがえる。

地層の年代を一つ間違えれば、それまでにつくりあげてきた石器の型式変遷に矛盾をきたすわけであるから、すぐ見破られてしまうのは火を見るより明らかである。こうした地層の新旧に整合するような石器形態や石器組成に配慮したとおもわれる巧妙な手口が一九八〇年代の末頃までつづいた。

捏造遺跡で見つかる石器が数十点からせいぜい一五〇点止まりであるのも、うがった見方をすれば、それなりの理由があったのである。さらにまた、通常の遺跡で普通に見られる、石核や砕片がまったく存在しないか、出土しても極端に乏しいという現象も、すべての藤村関与遺跡に通底する特徴である。

出土した石器は、どこの遺跡でも完成された石器か二次加工をほどこさずに使用した剥片からなるという特異な石器組成をもち、接合資料はもとより、同じ母岩からつくられたものが一点たりとも見あたらない、というのも不可解なことであった。さらにまた、やたら二次加工を施した石器の比率が高く、それらの加工部位、加工法もまちまちで、二つとして同じような形態の石器がないという代物《しろもの》ばかりである。石材の種類もいたって多種多様で、後期旧石器時代の遺跡の石材と比較しても類を見ない豊富さを見せる。とにかく、世界的に見ても異例ずくめの「石器群」ばかりである。

発覚後に京都大学の山中一郎教授が指摘したように、フランス旧石器考古学が案出した概念である「動作連鎖」とよばれる石材選択からはじまり、石器づくりに不可避な石割りプロセスを反映する実体資料を欠き、リダクション（使用や破損にともなう刃部再生）の痕跡さえない藤村関与遺跡は、不可解な存在とみなされていた。しかし、捏造という所作を介して、これらの疑問点をあますところなく説明することが可能となった。

一九八九年ころから、型式学的観点から見て、それまで巧妙に組み立てられたかにみえた前期旧石器編年（図16）に、ほころびが見えはじめた。

藤村が仙台から福島に転勤し、福島県下で前期旧石器が次々と発見されはじめたころから、前期旧石器の型式変遷すなわ東京大学の安斎正人助手（現東北芸術工科大学教授）が想定する小形剥片石器群から斜軸尖頭器石器群への変遷という基本図式に矛盾がみとめられるようになってきた。氏は前者を前期旧石器時代、後者を中期旧石器時代に明快に位置づけた。

しかしながら、ハンドアックス、クリーヴァーまがいの「ヘラ状石器」（実体は東北地方の縄文時代に普遍的な「石篦」）が、斜軸尖頭器やその類品とともに福島県大平（約五万年前）、竹ノ森（約一一～一三万年前）、原セ笠張上層（約五～九万年前）からも出土するようになる（図17）。それまでの型式学的な観点を考慮した変遷観は事実上破綻し、石器の出土した地層の地質学的年代だけに依拠して、「日本最古」という新聞誌上の見出しが次々と塗り替えられていく。それに踊らされたのはマスコミ各社で、毎日新聞とて例外ではなかった。

座散乱木遺跡の発見に端を発し、あらかじめ想定されたシナリオに沿ったかのように、発

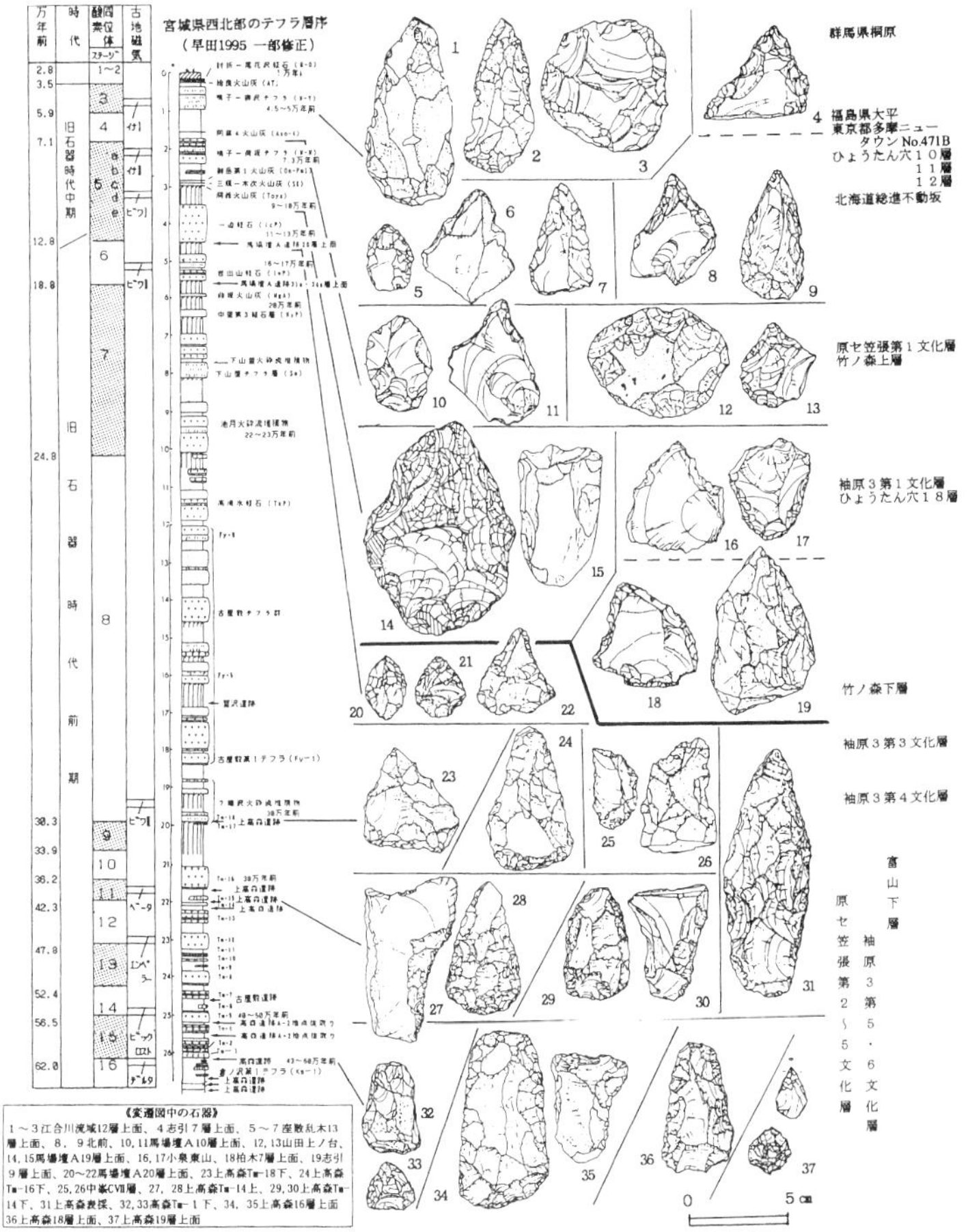

図16　宮城県における旧石器時代前期・中期の変遷図

図17　福島県大平出土の「ヘラ状石器」

掘される石器の上限は、年を追って古くさかのぼっていった。座散乱木では、はじめ縄文時代草創期の包含層が地表近くで見つかったのに端を発し、その下の地層から後期旧石器、さらにその下から前期旧石器と、発見される遺跡・遺物は調査とともに、層位的に古くさかのぼっていった。こうしたアイデアは、一九七〇年代に東京都教育庁の小田静夫らが中心になって進めていた東京都の野川流域遺跡群の層位的編年をモデルとしたものであろう。

また、単純ながらも、時代をさかのぼっていくという一定の手順を踏んだ発見が、共同研究者たちに説得力をあたえることができると考えたのであろう。旧石器に限らず、諸外国の考古学の発見事例をみても、これほど見事なまでに、時間の経過を逆にたどって過去へさかのぼっていった発見史も聞いたためしがない。摩訶不思議とは、こういうことをいうのであろう。

それでは、どうして地層の古さがわかったのであろうか。

石器を埋め込む地層の古さを見きわめるうえで、彼の身近には東北旧石器文化研究所の面々と巡検を共にする、テフラ（火山噴出物の総称）の専門研究者である早田勉の存在があった。座散乱木遺跡の第三次調査の際、町田洋教授とともに前期旧石器包含層を火砕流堆積物と判定した人物である。その後、早田は石器文化談話会・東北旧石器文化研究所等の調査に請われ、火山灰編年学（テフロクロノロジー）にもとづいて地質年代を決定する役割を果たすことになる。

一方、藤村が地層の古さを見分けることができた、という見解がある。「彼（藤村）は地層を熟知していた。どこで石器を出せば日本最古記録を更新できるかを、きわめて正確に把握していたようにみえる」と述べた地質学者もいる（早川由紀夫「火山灰編年学からみた前期旧石器発掘捏造事件」『SCIENCE of HUMANITY』三四号、勉誠出版、二〇〇一年）。藤村が地層を熟知していたという点では、岡村道雄も同様な考えを自らの著書（『縄文時代の生活誌』講談社）のなかで述べている。

しかし、これは検証を通じて判明した理解とはいささか異なる。彼（藤村新一）は自分で地質学者のように地層をよく観察し、当時の地形を判読し、地層の新旧関係や成因を正確に理解できる能力をそなえていたわけではない。その証拠に座散乱木遺跡や山形県袖原6遺跡のように初生の火砕流堆積物のなかに石器を埋めこんだほか、ほかの捏造遺跡では地層の傾斜を無視し、複数の地層にまたがって水平に石器を埋めたところも知られている。つまるところ、堆積学についての基礎的な知識をもたず、耳学問の限界を露呈したものである。

かつて藤村とともに地層巡検に参加したことのある菊池強一の教示によれば、一緒に踏査に出かけた考古学・地質学研究者たちの話に聞き耳をそば立て、ときには熱心にメモまで取っていたという。露頭を訪れたときは、露出する地層の年代について同行の地質研究者から知識を得、あとで単身その地をひそかに訪れ、どこかの縄文時代の遺跡で拾ってきた石器をこれぞという地層のなかに埋めていったのであろう。耳かじりの学問とはいえ、なかなか旺盛な研究意欲である。しかし、哀しいかな、それも真の意図は別のところにあったのである。

その一方で、彼は中期旧石器時代の標準石器に対する、ある種のイメージをもっていた形跡がある。いったい何をもとにそのイメージを描いたのだろうか。

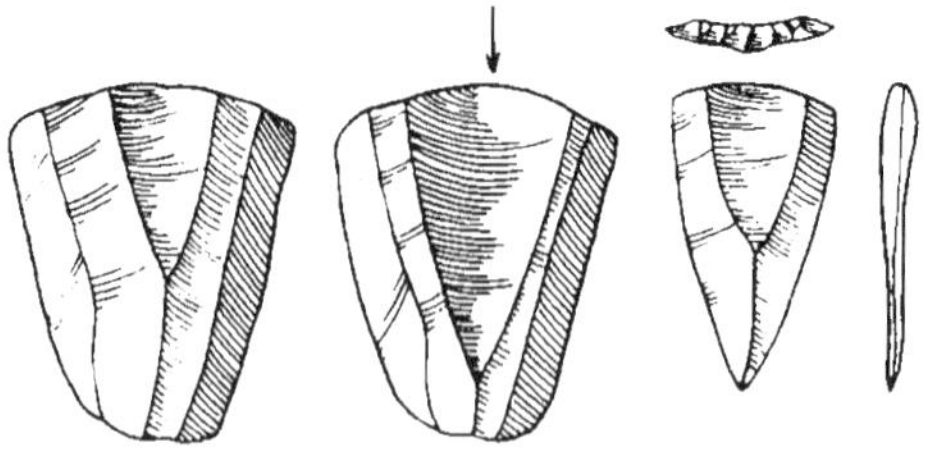

図18　ルヴァロア・ポイントの製作模式図

ユーラシア大陸の西側で中期旧石器時代の指標となるような石器、だれが見ても判別できそうな特殊かつ有名な技法がある。それは、「ルヴァロワ技法」（近年は「ルヴァロワ概念」とも称される）とよばれる石器製作技術である（図18）。この技法は古くフランスで認定され、パリ郊外にあるルヴァロワ・パレ遺跡の資料にちなんで命名されたもので、ヨーロッパ・西アジア・

中央アジア・西シベリアの中期旧石器時代の技術的指標となっている。現在、ロシアのアルタイ山地やモンゴル高原までこの技法が波及したことが判明している。この技法は余りにも有名なので、旧石器時代の概説書であれば、どの本にも概念図が載せられているほどである。この技法によってつくりだされたルヴァロワ型尖頭器（ルヴァロワ・ポイント）は、石器の正面にY字状の稜線を見せ、先端が鋭く尖った二等辺三角形を呈する。日本では、これと似て非なる石器を、芹沢長介の命名で「斜軸尖頭器」と呼びならわしてきた。かつて岡村が前期旧石器と後期旧石器を橋渡しする石器として注目した石器である。

藤村が、中期旧石器時代を代表する典型的な石器として、ルヴァロワ型尖頭器を念頭に置いていたのは疑いない。実際、彼がかかわった中期旧石器時代の遺跡からは、必ずといってよいほど、この「斜軸尖頭器《しゃじくせんとうき》」が出土しており、文字通り定番の石器であった。

こうしたアイデアも周囲にいる研究者仲間たちの会話からヒントを得たにちがいない。それに似た石器―おそらく、長年にわたって踏査した宮城県北部の江合川を中心とした地域の縄文時代遺跡から拾い集めた剥片―を、中期旧石器時代に相当する年代の地層の中に埋めこむことで、二〇数年間にわたって全国の研究者はもとより同じ釜の飯を食った同僚達さえも平気で欺きつづけていたのである。斜軸尖頭器は、座散乱木遺跡の前期旧石器調査の契機をつくった石器であり、うがった見方をすれば、当時注目すべき論文を発表し名が知れていた岡村道雄を誘い出すために仕掛けた巧妙な罠《わな》であったのかもしれない。

北海道の総進不動坂《そうしんふどうざか》では、中期旧石器時代の柄を装着した痕跡をもつ斜軸尖頭器が出土したことで一躍注目された。それは石器の基部側に黒い煤状《すすじょう》のものが付着していて、柄を装着したときの柄の輪郭を想起させるような代物である。

特別委第四作業部会は、段ボール数箱分の藤村コレクション（採集資料）の検証中にそれと全く同じ痕跡をもつ石器を、捏造を告白した宮城県中島山《なかじまやま》遺跡の採集資料のなかに見つけた。うっすらと煤けた部分は、割り箸のようなもので剝片の基部を挟み、火で炙《あぶ》ってつけたときの煤とみなされる。

総進不動坂や中島山遺跡の調査にさきだち、西アジアの中期旧石器時代の遺跡から、ルヴァロワ型尖頭器の基部に同様な痕跡が付着する例が外国誌に掲載されており、そうした報告例を耳にして自ら模倣したものと考えられる。外国語を解しなかった藤村が、その原報告を知る由もなく、おそらくそうした情報を得た藤村周辺の研究者が話していたのを耳にはさんでまねたのであろう。

この一件からしても、周囲にいた研究者たちの果たした影響力の大きさがうかがえる。のちに当事者の鎌田俊昭が述懐したように、「期待したものが出土した」という発言の裏には、当事者たちの会話から次に埋めこむ石器の示唆を得ていたことをうかがわせる。共謀とまではいえないにしても、結果としては教唆をあたえ、捏造を助長する原因となった事実は否定できない。

藤村が畏敬してやまなかった芹沢長介の傘寿記念国際シンポジウムに時機を合わせるかのように、芹沢をして「天文学的確率」とまでいわせた、奥羽山脈をはさんで三〇キロ離れた宮城県中島山遺跡と山形県袖原3遺跡との間で接合した有名な資料（図19）の接合面にも、火で炙って古色をつけようとした偽装行為が第四作業部会の検証過程で確認された。

「天文学的確率」とはいえ、あまり見映えのしない接合資料を傘寿記念におくられた芹沢は内心穏やかでなかったにちがいない。なお中島山遺跡では、後期旧石器時代以降にならないと出現しない両面調整した狭長な槍先形尖頭器も出土し、研究者を当惑させたのも記憶に新しい。これも、捏造されたものである。

図19　30kmを隔てた袖原３と中島山の接合資料

特別委第四作業部会の検証によれば、藤村が自ら石器づくりをおこなっていた形跡はなく、捏造に使われた石器のほとんどは縄文時代の遺跡から、まれに旧石器時代遺跡から採集された石器であった。石英製あるいは珪岩製の石器については、人工品か偽石器かについての判断能力をもち合わせていなかったがゆえに真偽を判定できなかったというのが真相に近い。前期旧石器研究の背景として、日本の研究者はホモ・サピエンスがつくりだした後期旧石器時代の石器製作技術を下敷きに数十万年前の石器の真偽を判断する術しかもちあわせていなかったのである。

このことが、研究者が欺かれる盲点となった。一九七〇年代にピークをむかえた「前期旧石器論争」のケースとは異なり、藤村石器はだれが見てもれっきとした人工品（石器）であり、この点を疑う余地はまったくなかったからである。それもそのはず、ホモ・サピエンスの縄文人がつくった石器、剥片を中期・後期更新世の地層のなかに埋めこんでいたのだから。それらが「前期旧石器」として堂々と通用したのは、真の前期旧石器がいかなるものか、その実体をだれも知らなかったからである。もちろん、ヨーロッパのネアンデルタール人がつくりだした中期旧石器とは比較に事欠かなかったが、それも遠くユーラシア大陸の西端にあって文化伝統、石材・石器形態・製作技術を異にする石器と比較するのは無謀としかいいようがない。

ここに、発掘捏造を看破、阻止できなかった重大な原因のひとつがあった。

そのいっぽうで、七〇万年前の地層から出土したとされる石器も、また一〇万年前の地層から出土した石器も風化度にさしたる違いもなく、気の遠くなるような時間のギャップにもかかわらず、時間の経過に比例したパチナとよばれる石器表面の化学的変化に差異がないという点も、じつに不可解な現象である。

「東北日本の旧石器文化を語る会」の会長をつとめていた東北芸術工科大学の加藤稔教授（当時）が、上高森出土のハンドアックス（ヘラ状石器）と見立てられた石器を一瞥《いちべつ》し、即座に「縄文時代の石箆だ」と発言したというエピソードも伝えられる。ただし、氏が捏造と見破っていたかどうかはさだかでない。

藤村の共同研究者たちは、自分の研究フィールドである東北地方の縄文時代の石器さえ、まともに観察していなかったのであろう。なかには、宮城県内の縄文時代遺跡の発掘調査を手がけ、報告書のなかで縄文時代の石器の記述を担当した研究者もいたのだが。これは、これから石器を研究しようとする学生に重要な教訓をあたえる。

6　捏造発覚前の風評と異議申し立て

毎日新聞のスクープにさきだつ二年ほど前（一九九八年）、ある噂《うわさ》が関東でひろまっていた。

岩手県岩泉町ひょうたん（瓢箪）穴の第四次発掘調査の現場で、東京から調査に参加していたひとりの学生が、藤村が石器を埋め込んでいるのをたまたま目撃し、良心の呵責《かしゃく》に耐えかねてか、誰かに漏らした話が発端だという。残念ながら、その風評は、関西にいるわたしのところまで伝わってこなかった。当時、こうした噂が一部に流布していたことは、日本考古学協会の特別委準備会の席でも耳にした。

藤村関与遺跡にまつわる疑惑を毎日新聞の記者に伝えたのは、共立女子大学の竹岡俊樹非常勤講師（当時）で、これは氏自ら明言している（竹岡俊樹「旧石器捏造「神の手」だけが悪いのか」『文藝春秋』二〇〇三年五月特別号）。毎日新聞は、ネット上でこの問題に興味をもって取材に入ったとしているが、情報源は秘匿《ひとく》したままである。懇意にしている記者から耳にしたことだが、新聞記者の一般的な習性として、学生や院生の話には耳を傾けないが、大学に籍を置く者の話には聞く耳をもつらしい。

フランスに留学し、ヨーロッパの旧石器を実見していた竹岡は、藤村関与の石器とヨーロッパのそれとの比較から、「藤村石器」について深い疑惑をいだくようになったらしい。その疑念は、『旧石器考古学』五六（一九九八年）誌上に発表された「「前期旧石器」とはどのような石器群か」という題名の論文で明らかにされ、研究者に注意をうながした。それは、東洋と西洋という地域を超え、石器づくりに用いられた技術の進化という観点から、藤村関与前期旧石器の矛盾を指摘し、研究者への警告と喚起をうながすことに主眼があった。しかし、研究者の反応が芳《かんば》しくないのを見てとり、最後の手段としてマスコミの手を借り、捏造行為の動かぬ証拠を突きつける、という挙に出ざるをえなかったのであろう。当時の状況を勘案すれば、止むにやまれぬ行動であった。捏造行為はいずれ発覚したであろうが、氏の決断がなかったなら、日本考古学界は傷口をひろげ、いっそうの窮地に立たされたにちがいない。

二〇〇〇年七月には、長野県で石器実測会社アルカを経営する角張淳一が、同社のホームページ上で藤村関与の前期旧石器に対する疑念を表明する論文を掲載した。この記事は、毎日新聞旧石器遺跡取材班の注目するところとなった。

ひょうたん穴で目撃された捏造行為についてのうわさを、竹岡や角張が直接あるいは間接に耳にしたのかどうかは、わたしには知る由もない。

また、関係者筋からの話しによると、文化庁の岡村道雄記念物課主任調査官も、不審なうわさを耳にし、気になったのか、東北のとある町で藤村とひそかに会い、真偽のほどを詰問したという。しかし、藤村は捏造について明言しなかったらしい。これが事実だとすれば、岡村さえも欺かれつづけていた証しとなろう。

7　毎日新聞による発掘捏造スクープ

二〇〇〇年十月二二日の早朝、上高森遺跡で毎日新聞旧石器遺跡取材班のビデオカメラによって、藤村新一による発掘捏造の一部始終が隠し撮りされた。現地説明会後の十一月五日、毎日新聞の朝刊で藤村発掘捏造がスクープ（図1）された。

発覚当初、藤村は毎日新聞記者の質問に対して二ヵ所しかやっていないと言い張っていた（毎日新聞旧石器遺跡取材班『発掘捏造』毎日新聞社、二〇〇一年）。その一つは、動かぬ証拠ビデオ映像を突きつけられた宮城県上高森遺跡で、もう一つは北海道の総進不動坂遺跡である。毎日新聞の取材班は当初、この総進不動坂で張り込みをおこない、捏造の現場を動かぬ証拠としてビデオカメラにおさめたのだが、単純な機械的ミスで映像が記録されていないという失態をやらかした。

初歩的な単純ミスで絶好のスクープ・チャンスを逃がしたわけであるが、その後、五〇万年前の秩父原人が残した遺跡と騒がれた埼玉県秩父市の小鹿坂《おがさか》遺跡の調査に藤村があらわれるという情報をキャッチし、気づかれないようにビデオカメラを設置し撮影をつづけた。しかし、周到な準備の甲斐もなく、ここでは発掘捏造の現場を押さえる証拠映像を撮影できなかった。

ここで諦めなかった特別取材班は、宮城県上高森遺跡の発掘現場を俯瞰《ふかん》できる丘陵の林に密かにカメラを据え、早朝から張り込みをおこなうなかで、ついに捏造の一部始終を撮影した、動かぬ証拠をビデオカメラに収めることに成功した。見上げた記者魂である。のちに二〇〇一年度の三大ジャーナリズム大賞に輝いただけの理由はある。

十一月四日の夕刻、毎日新聞の取材班からインタビューを口実に呼びだしをうけた藤村は、仙台市内のとあるホテルの一室でビデオ映像を見せられると、動かぬ証拠に観念したのか、しばしの沈黙のあと、あっさり捏造行為をみとめた。総進不動坂遺跡で同じような行為をおこなっていたのを目撃されていたのだが、当初は否定しつづけたという。藤村と記者たちとのやりとり、そこに駆けつけた鎌田理事長、梶原教授の反応は、『発掘捏造』（毎日新聞旧石器遺跡取材班）に詳しい。取材は、延々三時間弱にもおよんだ。この間の記者と藤村・鎌田・梶原のやりとりと描写は、じつに真に迫っている。

取材班は総進不動坂ではビデオ撮影にこそ失敗したものの、カメラで撮影した捏造現場のスチール写真を突きつけると、藤村はすんなり捏造を自白した。証拠写真を突きつけられ、もはや言い逃れできないと観念したのだろう。それでも、捏造を自白したのは、捏造の現場をビデオやカメラに撮られた上高森と総進不動坂の二ヵ所のみにとどまった。このとき、他の捏造遺跡の告白まで引き出そうとした記者たちのもくろみは、時間切れとなってかなわなかった。

捏造発覚の当初、それまで藤村がかかわった残余の遺跡・遺物の評価をめぐって、旧石器研究者の間には二通りのうけとめ方があった。一つは、発掘捏造をおこなった遺跡は自らみとめた二ヵ所の遺跡だけにとどまるだろうという希望的な観測をまじえた見方であった。その一方で、総進不動坂の場合のように、前言を翻して捏造をみとめたことから、発言の信憑性を懐疑的にうけとめる見方も少なくなかった。結局、上高森と総進不動坂以外の二〇余ヵ所にのぼる、藤村が遺跡の発見と発掘に深く関与した遺跡についても検証する必要性が生じてきた。

これらの遺跡の調査記録や発掘参加者の証言などによると、角張淳一が指摘したように、いずれも遺跡の第一発見者が藤村自身であるか、発掘現場では氏があらわれたときに限って石器が出土するなど、疑惑や不審をいだかせる点が共通してみとめられる。これこそ、藤村が遺跡と石器の発見に卓越した能力をもった「ゴッド・ハンド（神の手）」と称されたゆえんである。

8　疑惑遺跡の検証へ

本事件がおよぼす影響力の大きさともあいまって、考古学界はもとより文化財行政の総元締めである文化庁をはじめ、地方自治体、教育界、出版界を巻き込んだ一大スキャンダルの様相をおび、マスコミ各誌による報道は国民の大きな関心をよび、社会問題の様相さえおびてきた。マスコミ報道も日を逐うごとに次第に過熱してきた。

全国の緊急発掘現場では、遺跡の所属時代を問わず、普段から文化財の調査を苦々しくおもっている受益者（発掘費用負担者）側の不満と不信感が一挙に噴きだし、遺跡を捏造しているのではないかと疑われ、調査担当者たちはその対応に苦慮することになった。

日本の考古学界にあって最大の四千人をこえる会員を擁する日本考古学協会では時限つきの特別委員会を、また疑惑の遺跡を抱える自治体は検討委員会を設置し、藤村関与遺跡を検証する必要に迫られた。疑惑の遺跡と出土資料にシロ・クロの決着をつけないまま、灰色の状態にしておけば、日本の旧石器時代研究ひいては日本考古学の壊死をまねくのは火を見るより明らかであった。

日本考古学協会は、捏造発覚から一週間を経た十一月十二日、緊急の全国委員会を招集し、善後策を協議する一方で、藤村新一会員を内規にもとづき退会処分とし、協会の埋蔵文化財保護対策委員会の委員をつとめていた鎌田俊昭会員から提出されていた辞職願の受理を次期総会で提案することとなった。これについては、検証の段取りと方向性もまだ定まらないなか、早まった措置ではないか、という意見も巷間《こうかん》で聞かれた。せめて退会処分にする前に、会員である藤村から事情聴取くらいすべきであったとおもうが、退会処分によってその機会を逸してしまった。一時の感情にまかせてとった拙速の措置とおもえなくもない。

緊急に開かれた全国委員会をうけ、日本考古学協会の甘粕健会長は、いちはやく特別声明を発表し、考古学の信頼を傷つけたことへの謝罪とともに疑惑遺跡の検証と研究者倫理の確立、再発防止を表明した。いささか気負った調子の声明内容であったが、あのような局面ではそう言明せざるをえなかったのであろう。

二〇〇〇年十二月二〇日、日本考古学協会は、会員という枠にとらわれず、実績を有する旧石器研究者一〇名のほか、地質学者（町田洋・都立大教授）、人類学者（馬場悠男・国立科学博物館人類研究部長）各一名を召集し、戸沢充則明治大学名誉教授をトップに据えた「前期旧石器問題調査研究特別委員会準備会」（以下、準備会と略す）を立ち上げた。総会での議決を要する特別委員会の正式発足までの時間を無為にしないための臨時措置である。特別委正式発足まで四回の会議をもち、検証の具体的な方法や手順、作業部会の構成、活動資金の調達法などを検討・協議した。あまり気が進まなかったが、わたしもその準備会に名を連ねさせられる羽目になった。

文化庁は、捏造発覚後まもなく、検証作業に公的資金を投入する意向をいち早く表明した。国の特別史跡に指定されていた座散乱木遺跡の行方が気になってのことであろう。検証作業に国民の税金（科学研究費補助金）を使用すべきかどうかをめぐって、準備会の席で戸沢と山中一郎京都大学教授（当時）との間で意見の食い違いが表面化した。結局、公的資金の導入という方針に落着し、山中は準備会から去っていくことになる。検証に要する費用は、日本考古学協会のほか、協会員からのカンパと科研費から充当されることになった。学問の一分野で生じた問題の糾明、すなわち検証作業に公的資金（税金）を導入するということじたい異常なことである。

戦前の皇国史観による自由な歴史研究の圧迫という苦い教訓を想起するまでもなく、学問研究の国家権力からの独立という観点からすれば、時代錯誤もはなはだしい。学界で生じた問題はその分野で責任をもって処理していくというのが筋というものであろうし、日本考古学協会ひいては学問・研究の独立性を維持するうえで欠かせない要素となる。戦前、国家権力による弾圧を経験した大学とそうでない大学出身者の歴史感覚の違いが表出したものであろう。

この時期、準備会のメンバーのなかにも、藤村が捏造した遺跡の波及範囲について、楽観的な考えをもつ研究者がふくまれていた。それは、日本列島における前期旧石器の存在を願望する研究者の多数派の考えを代弁するようなものであった。

わたしは、捏造の手口の実態を把握するため、毎日新聞の取材班がひそかに撮影した上高森での捏造現場ビデオを準備会として実見することを提案した。これは、毎日新聞の協力のもと、まもなく実現した。わたしはあいにく海外調査で日本を留守にしていたので実見できなかったが、生々しいビデオを見た委員のひとりは、あまりにも巧妙かつ手慣れた手口に驚きの色を隠せず、捏造が上高森・総進不動坂両遺跡だけに限られるものではないことを確信したという。

捏造発覚以前から東北の前期旧石器遺跡に懐疑的な考えを抱いていた馬場悠男は、二〇年間にわたって調査された疑惑の遺跡の検証には長い時間と莫大な費用を要することから、いっそ藤村から告白を引き出したほうが決着への早道ではないか、という意見を述べた。この提案は、その後、戸沢委員長らによって隠密裡に実行に移されることになった。

わたしは、上高森遺跡から順次さかのぼって検証調査を実施するには手間と費用がかかりすぎることから、藤村が登場した初期に調査された座散乱木、馬場檀A遺跡を最優先して検証発掘をおこなうことを提案したが、採りあげられるまでにはいたらなかった。藤村関与遺跡から出土した遺物はいずれも共通したパターンをもち、どれもこれも大同小異といえる性格をもつのを会津シンポジウムの石器検討会で確認したことがその大きな理由であった。

なお、座散乱木遺跡については二〇〇二年五月になって特別委ほかによって再調査され、上層から剝片石器と剝片が各一点ずつ出土した以外に、前期旧石器時代の石器はまったく検出されず、かつて火砕流の二次堆積物と強引に解釈され、四枚の地層に細分された安沢火山灰下部層（一二〜一五層）は、鳴子付近の火山から一気に流下した初生（一次推積）の火砕流であることが再確認された。わずかな出土遺物から、遺跡としての名はかろうじて保持することができたが、遺跡が内包する学術的な価値は大きな後退を余儀なくされた。

近くに遺跡公園を有し、かつて国指定史跡の標柱と説明板が誇らしげに立っていた遺跡地はいまどうなっていることであろうか。前期旧石器をひたすら追い求めた狩人たちの夢のあとに、いまはススキの穂だけが秋風にそよいでいるのであろうか。

9　東北日本の旧石器文化を語る会主催の会津シンポジウム

日本考古学協会の特別委員会が正式に発足するにさきだち、「第十四回東北日本の旧石器文化を語る会」が二〇〇〇年十二月二三・二四日の両日にわたって会津若松市にある福島県立博物館で開催された。

この会は東北・北海道の旧石器研究者たちが持ち回りで年に一度資料を持ち寄って展示し、他の地域の研究者にとっては最新の出土資料を手にとって観察できる、またとない機会を提供した。座散乱木遺跡の第三次調査（一九八三年）以降、日本の旧石器研究を名実ともにけん引する役割を果たしてきたのは石器文化談話会・東北歴史資料館・東北旧石器文化研究所であるが、それらをジョイントし東北の旧石器研究を底上げする役割を担ったのがこの会であった。その幹部会員の大半は藤村の共同研究者たちで占められた。

図20　第14回東北日本の旧石器文化を語る会の石器検討会

この研究集会を企画・推進した主催者（東北日本の旧石器文化を語る会）の主要メンバーが藤村といっしょに調査を進めてきた当時者であったという関係もあって、会場には終始重苦しい空気と張りつめた緊張感がひしひしとつたわってくるものがあった。そもそもこの集会の開催じたいが、藤村の捏造告白によってかけられた嫌疑を払拭する意図をもって企画されたものであった。

二三日の午後は、藤村が調査に関与した遺跡の出土資料約一七〇〇点がはじめて一堂に展示され、事件発覚直後という絶妙なタイミングともかさなり、本事件に深い関心をもち、全国各地から出席した多くの旧石器研究者たちの自由な観察時間に供された（図20）。西日本からこの集会に参加した中堅研究者のひとりは、膨大な藤村関与資料を目の前にしてそれらの真贋《しんがん》を判断する術《すべ》をもちあわせない素ぶりで、当惑の色を顔にただよわせていた。

筆者は、石器を手に取ってルーペを使いながら観察したが、どの遺跡から出土した石器にも、例外なく二重風化はもとより、完新世に堆積した黒土（クロボク）の付着、耕作の際に金属製耕具の刃先との接触によって生じた線状の酸化鉄が付着する石器がふくまれ、疑惑をますます増幅させる結果となった。こうした検証手法のガイドラインは、事件発覚後、独自に検証を進めていた国立歴史民俗博物館の春成秀爾《はるなりひでじ》教授や、岩手県立和賀高校の校長（現県立岩手大学講師）をつとめるかたわら旧石器遺跡の調査を手がけてきた地質考古学者の菊池強一によって提示されたものである。

これよりさき、独自に藤村関与資料の検証を進めていた春成秀爾は、「ガジリ」とよばれる石器の縁辺などにつけられた極度に風化の新しいキズ、表面に異なった風化度をもつ二重風化、完新世層に特有の黒土の付着痕跡に着目していた。こうした不審な形跡は、藤村が関与した遺跡の発掘資料中には例外なくふくまれる。わたしは、そういう不審な形跡をまったくもたない石器群（真正の前期旧石器）はないものか、ひたすらルーペで石器の表面を舐《な》めるように追い続けた。時間の制約もあって、数ヵ所の疑惑の遺跡の資料を見ただけでルーペ観察をあきらめた。わたしが実見した藤村関与遺跡の石器は、どれもこれも似たりよったりの代物ばかりであった。頭の中が一瞬真っ白になった。三〇年ほどの研究人生のなかで、このときほど愕然とした気持ちに襲われたことはない。

当日、展示されていた資料のなかで、こうした不審な痕跡をまったく見いだせなかったのは、菊池強一が団長となって調査した岩手県金取《かねどり》遺跡から出土したホルンフェルス製の石器だけであった。

翌二四日、広い会場は満席となり、詰めかけた報道陣のテレビカメラが設置されたなかで、衆多注目するシンポジウムが開催された。午前中は、疑惑の「遺跡」に関する調査担当者による基調報告にあてられた。午後は、重々しい緊迫した雰囲気のなかでパネルディスカッションがもたれた。

疑惑遺跡の基調報告で大きなスクリーンに映し出された石器出土状況のスライドは、いずれも写真撮影のため、取り上げられ、きれいに水洗いされたのち、もとの出土位置に置きなおされたものばかりで、出土時（頭出し）の状態をうかがうことができる決定的な写真は、一枚たりとも映しだされなかった。いかなる疑念もいだかれなかった発掘調査であったため、そうした写真はもともと撮影されていなかったのである。出土した石器をすぐに取り上げてしまうのは、判を押したようにどの遺跡にも共通していた。体調不調が伝えられる梶原教授に代わって山形県袖原3遺跡の報告をおこなった横山祐平は、なげやりともおもえる報告に終始し、見るに気の毒なほどであった。

東北大学の柳田俊雄教授が司会をつとめた午後のパネルディスカッションでは、主催者の当初の思惑とは違い、真剣な質疑応答がパネリスト（春成秀爾、鎌田俊昭、松藤和人、大沼克彦、佐川正敏、西秋良宏）と調査担当者との間に交わされた。議論は、春成が指摘した不審な形跡の確認にはじまり、その成因について応酬があったが、調査担当者からはだれをも納得させる説明は聞かれなかった。また藤村関与遺跡では完成された石器や剥片は見つかるものの、石器をつくったときに必然的に生じる砕片（石屑）や石核がまったくといってよいほど出土しない事実について、外国の例を参照しながら、疑義が表明された。つまり、完成された石器やそのまま使用に供されたとみられる剥片しか出土しない藤村関与遺跡の特殊な性格が問題にされた。このような遺跡は世界的に見ても例を見ず、日本列島だけにしかみとめられない特異な現象であり、疑惑を増幅させた。

昼食時におこなわれた事前打ち合わせのシナリオとは大きく異なった議論の展開に、司会者は面食らったにちがいない。

会場からは竹岡俊樹が押圧剥離技術の出現時期の問題とからめてパネリストの大沼克彦に質問を浴びせかけ、執拗《しつよう》にくいさがった。会場の最前列に陣取った評論家の立花隆や全国各地から馳せ参じた研究者たちが、固唾《かたず》をのんで討論のゆくえを見まもっていた。

捏造を告白した上高森、総進不動坂以外の藤村関与遺跡の潔白を、心ひそかに念じていた研究者たちの期待と願望は潰え去り、落胆と失望に変わってしまった。会場をあとにする参加者の足どりは、いずれも重く感じとられた。

会場を出ると、北の空には検証の行く末を暗示するかのように、黒くどんよりとした雪雲が立ちこめ、大雪情報も伝えられるなかで、足早に会津若松をあとにした。

いまにしてみれば、この会津シンポジウムは、その後の検証の方向を定めた大きな分岐点となった重要な研究集会であった。この企画を積極的に推進した柳田は、このあと、仲間の研究者たちから「パンドラの箱の蓋を開けたひと」と揶揄《やゆ》されたらしい。主催者の当初の思惑は、微塵《みじん》に打ち砕かれてしまった。

なお、二四日には、北海道から九州におよぶ全国の旧石器研究一〇団体による共同声明が発表された。これらの団体が共同歩調をとったのも初めてのことである。声明文は、結果として捏造を防止できなかった旧石器研究者の不明を深く反省・陳謝するとともに、検証作業への全面的な協力、再発防止、研究の再生などを謳《うた》ったものである。これは、捏造発覚直後、わたしの呼びかけに応じ、地域を拠点に研究活動を進めている一〇団体が原案を十分に検討・吟味したうえで、東北日本の旧石器文化を語る会の事務局長渋谷孝雄の肝入りでこの日の記者発表に漕ぎつけたものである。

10　日本考古学協会による特別委員会の発足

日本考古学協会第六七回総会の議決を経て、さきの準備会を母体に三年の時限をもたせた「前・中期旧石器問題調査研究特別委員会」（以下、特別委）が正式に発足したのは、二〇〇一年五月十九日であった。協会の議決を経て委員長に戸沢充則明治大学名誉教授、副委員長に國學院大學の小林達雄教授と国立歴史民俗博物館の春成秀爾教授が就任した。

記者会見に臨んだ戸沢委員長は、発掘捏造問題について「一年をめどに一定の結論を出す」と明言した。会見場の隅に控えていたわたしには、これからさきの長い道のりを考えると、正直言ってそれほど楽観的な気分にはなれなかった。

この強気の発言をめぐって、戸沢委員長の胸中には落としどころについて、なにか秘策や目算があったのかもしれないが、真相は知るべくもない。これはわたしの憶測にすぎないが、特別委の発足が五月十九日、そのわずか四日後の二三日に藤村新一との最初の面会がなされていることを勘案すれば、藤村との面談を通じて自白を引き出す算段がつけられていたのであろう。

このころ、藤村は、事件発覚後、東北旧石器文化研究所の鎌田俊昭のはからいで身を寄せていた宮城県松島町の臨済宗妙心寺派の名刹瑞巌寺から福島県下のとある病院に入院しており、鎌田だけが藤村の所在と動静を把握していた。鎌田は、戸沢委員長の大学での愛弟子筋にあたり、五月二三日を皮切りに五回におよぶ藤村との面会の仲介役を果たすことになる。

特別委では、総括委員会のもとに五つの作業部会を設け、後者が実質的な検証作業を担うことになった。作業部会の部会長には準備委員会のメンバーがおおかた横滑りし、各作業部会の委員は部会長推薦ないしは自薦によって選ばれた。自薦者のなかには海外在住の協会員をはじめ、さまざまな思惑を秘めた人物もふくまれていた。しかし、自薦者のすべてが委員に就任できたわけではない。委員の委嘱は、作業部会にあたえられた課題を遂行するにふさわしい実績をもつ研究者という基準にもとづき、人選については部会長の裁量にゆだねられた。当初、各部会とも少人数で構成される予定であったが、検証対象の遺跡と遺物が多岐にわたることからどの部会も人数は膨らんだ。

第一作業部会（部会長　小野昭・東京都立大学教授）は出土した遺物の検証を、第二作業部会（部会長　白石浩之・愛知学院大学教授）は遺跡・遺構の検証を、第三作業部会（部会長　矢島國雄・明治大学教授）は自然科学的な方面からの検証を、第四作業部会（部会長　松藤和人・同志社大学助教授）は形態・型式学的な検討から捏造に使用された石器の出自の解明を、第五作業部会（部会長　春成秀爾・国立歴史民俗博物館教授、のち安蒜政雄・明治大学教授）は研究史と研究方法論を、それぞれ担当することになった。各部会長は、いずれも五〇歳を過ぎたばかりで、研究業績はもとより旧石器考古学分野の表裏を知りつくした研究者といってよい。

11　藤村告白メモ

二〇〇一年九月二九日、藤村の二回目の告白の内容が、またもや毎日新聞旧石器遺跡取材班のスクープというかたちで同紙朝刊の一面を飾った。捏造を告白された遺跡は、四二ヵ所とされた。

特別委員会の戸沢充則委員長ら数名が、福島県内の病院に入院していた藤村と五月二三日から九月二六日までの間に計五回にわたって秘密裡に面談し、藤村の精神状態も考慮しながら慎重に事情聴取をおこない、藤村の告白メモを引き出した。特別委のごく一部のメンバーしか知らなかった極秘情報が漏れ、またもや『毎日新聞』の大スクープとなったわけである。委員長らが藤村と面会した事実は、特別委総括委員会でも伏せられていたため、当然ながら、その事実が知らされるや委員たちにとっては内心忸怩《じくじ》たるものがあった。

この情報がどういう経路で毎日新聞の旧石器遺跡取材班に漏れたのか、真相はいまだに明らかにされていないが、九月三日に開かれた総進不動坂の調査検討委員会の場にオブザーバーとして出席していた戸沢委員長がクリアファイルに入っていたペーパーを頭上にかざしながら、藤村が新たに告白した捏造遺跡四二ヵ所のなかに総進不動坂がふくまれている事実を示唆したという（毎日新聞旧石器遺跡取材班『古代史捏造』新潮文庫）。このペーパーは、藤村の主治医から戸沢委員長宛てに送られてきた、藤村自身が捏造遺跡名を記した八月十六日付けのメモとみられる。この会に出席していた検討委員会のメンバーから秘密メモが『毎日新聞』の記者に漏れたのであろう。

九月二六日の面談では、藤村は用意していたメモを一時間にわたって読み上げ、前回（八月十六日付けメモ）告白した遺跡とも合わせて四二ヵ所の捏造遺跡の名前を告白した（図21）。

疑惑の遺跡を管轄下にかかえ、疑心暗鬼の境地に置かれていた関係自治体は、毎日新聞紙上の告白リストに載った遺跡名を知り、まさに驚天動地のおもいであったにちがいない。

この極秘リストを特別委から渡された宮城県教育委員会は、特別委の要請にもかかわらず、十月十一日、県教委独自の判断で告白メモをマスコミに公表した。

一部の文章や人名とみられる文字を黒塗りにして公表したことから、共犯者の名前を示唆するようなおもわせぶりな伏せ字部分が東北旧石器文化研究所の共同研究者の名前を連想させ、憶測にもとづいた関係者の実名がネット上でまことしやかに飛び交うこととなった。事実を包み隠さず公表していたら、こうした混乱は避けられたであろう。特別委主導の検証を内心ここ

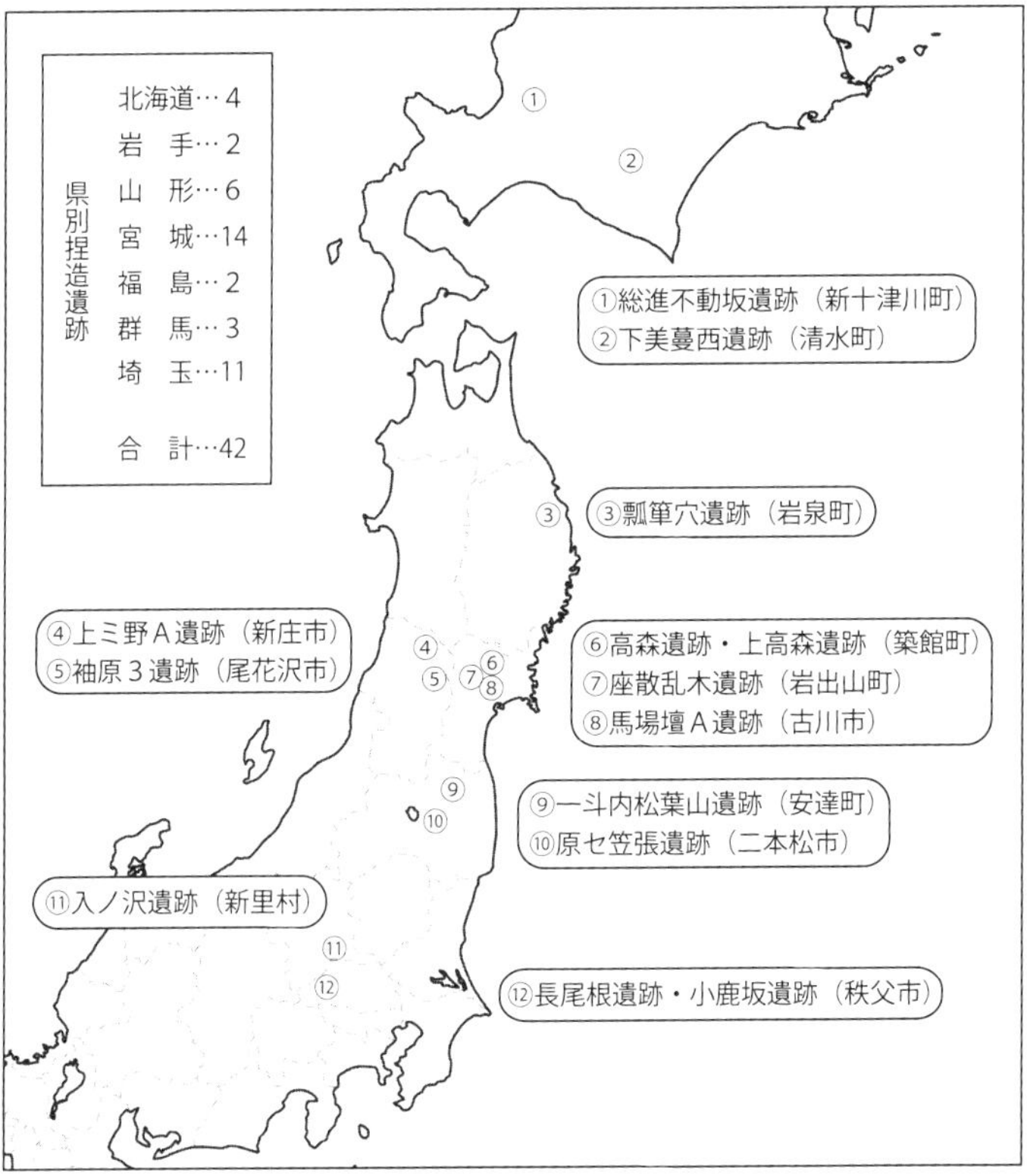
県別捏造遺跡
北海道…4
岩　手…2
山　形…6
宮　城…14
福　島…2
群　馬…3
埼　玉…11
合　計…42
①総進不動坂遺跡（新十津川町）
②下美蔓西遺跡（清水町）
③瓢箪穴遺跡（岩泉町）
④上ミ野A遺跡（新庄市）
⑤袖原3遺跡（尾花沢市）
⑥高森遺跡・上高森遺跡（築館町）
⑦座散乱木遺跡（岩出山町）
⑧馬場壇A遺跡（古川市）
⑨一斗内松葉山遺跡（安達町）
⑩原セ笠張遺跡（二本松市）
⑪入ノ沢遺跡（新里村）
⑫長尾根遺跡・小鹿坂遺跡（秩父市）

図21　藤村告白の捏造遺跡

ろよくおもっていなかった県教委内部の人物が故意にこのような情報操作をおこなったとしか考えられない。結局、黒塗りにされた人物名とおぼしき箇所は藤村に捏造をうながしたとされる、氏の分身を記したものであった。自治体による情報開示の方法に問題をのこした一件であった。

リストにあげられた四二ヵ所の遺跡のなかには、特別委の委員はもとより、二〇年間藤村と一緒に発掘調査をおこなってきた共同研究者たちさえも耳にしたことのない遺跡（遺跡台帳にも未登載）がいくつもふくまれていた。それらは、藤村が一九七〇年代の初めころから休日などを惜しまず踏査をおこなっていた宮城県北部の江合川流域に集中する。藤村が休日も返上し熱心に遺跡の踏査をおこなっていたことは、氏が属する石器文化談話会の仲間たちにひろく知れわたり、きまじめなアマチュア研究者として仲間たちに好感をもって受けとめられていた。そうした評判をよそに、当人はひたすら捏造に用いる石器を収集するのにいそしんでいたのであろう。

告白メモには、座散乱木遺跡の第三次調査にさきだって前期旧石器が発見された仙台市山田上ノ台遺跡をはじめ、疑惑をもたれていた藤村関与遺跡がいくつか抜けていた。また、前期旧石器遺跡から出土した石器のすべてを捏造したものでないことも記していたばかりか、正真正銘の前期旧石器時代の遺跡さえ推奨してはばからなかった。ふざけた話であるが、おそらく長い間調査をともにしてきた仲間たちへの配慮があったのであろう。

このメモを鵜呑みにして、所轄下の疑惑の遺跡がリストにふくまれていないことを根拠に、早々と捏造はなかったと公表する自治体まであらわれた。また、宮城県教委は自ら調査した疑惑の遺跡に関して早々とシロという検証結果を公表した。青葉山E遺跡というキャンパス内に藤村関与遺跡をかかえた東北大学も、内部の検討委員会による検証の結果を早々と公表し、「シロ」と断じた。これらの言明は拙速・杜撰というほかなく、危機管理能力を問われてもいたしかたないものであった。予想されたとはいえ、深い利害関係をもつ人物たちで占められる委員会の限界を露呈する茶番劇であった。

わたしには、告白メモの内容は信用できなかった。刑事事件の裁判でも自供は証拠としてみとめられない。結局は、疑惑遺跡の検証作業を地道に進め、物的証拠にもとづいてシロ・クロの判断をくだすのが検証方法としてはオーソドックスなやりかたであり、将来への禍根をのこさない唯一の方法のようにおもわれたのだが…。

告白した四二ヵ所の遺跡の大半が宮城県北部に集中しており、この地域はこれからさき調査・研究をおこなううえで、いやがうえでも慎重にならざるをえない地域といえる。特別委のメンバーのひとりが吐き捨てるように口にした、「この地域には地雷が埋まっているようなものだ」と。

発掘捏造にまつわる、いくつかのエピソードがある。この事件が発覚する前の話しだが、「東北日本の旧石器文化を語る会」の事務局長をつとめていた山形県教育委員会の渋谷孝雄は、「新しい遺跡を山形県内で見つけたので、一緒に見に行こう」と藤村に誘われた。氏は所用が生じ同行できなかったが、もし同行していたら捏造遺跡に自分も関与することになったかもしれない、と述懐する。

きわめつけは、首の皮一枚であやうく難を逃れた強運の持ち主もいる。熊本県の人吉市教育委員会で埋蔵文化財の調査を担当する和田好史は、調査中の大野《おおの》遺跡から出土する人工品か自然破砕礫か判別が難しい資料について教示と指導を得るため、藤村を招くお膳立てを整えた。その最終確認のため、十一月四日の夜、自宅に電話したのだが、彼は一向に電話口に出ない。それもそのはず、藤村はそのとき、『毎日新聞』の特別取材班から仙台市内のとあるホテルの一室に呼びだされ、例のビデオ映像を突きつけられ進退窮《きわ》まっていたのである。

翌日、新聞を手にすると、第一面に発掘捏造を報じる記事が飛びこんできた。そのときの氏の驚愕は想像に余りある。このときほど強運な星のもとに生まれたことを自覚したことはなかったにちがいない。もし藤村が九州の地を踏んでいたならば、おそらく東北にしか産出しない石材でつくった石器が、九州からも出土する事態となり、捏造が九州まで飛び火することになったかもしれない。それは秩父の長尾根・小鹿坂や北海道総進不動坂の実例が如実に示しているではないか。

そういうわたしも、一九九四年十一月、多賀城市にある鎌田俊昭の自宅へ上高森遺跡の埋納遺構2出土の「ヘラ状石器」を実見に訪れたとき、氏の同僚たちと飲み会に出席する機会があった。その席で、鎌田から「関西で前期旧石器を見つけたいのなら、藤村を派遣してもいいですよ」と、もちかけられた。わたしにも学生時代に二上山北麓の分布調査で多くの旧石器遺跡を発見した自負というものがある。わざわざ他人の手を借りるまでもなく、前期旧石器があるものなら自分で見つけてやる、という気概とプライドもあったので、その場の雰囲気を損なわないように軽く受け流した。

その場には藤村も同席していたが、視線が合うのを避けるように顔を伏せ、自ら口を開くことはなかった。ここで甘い誘惑の言葉にのっていたならば、それこそ攻守ところを変え、検証を甘んじてうける立場に立たされていたのは必至であった。吹けば飛ぶようなプライドであってもないよりましだと、後になってこれほどおもい知らされたことはない。

北海道の総進不動坂や秩父市の小鹿坂・長尾根で藤村とともに前期旧石器を発見・発掘した研究者も、言葉巧みにもちかけられ、甘い勧誘にのってしまったのであろうか。たいていの研究者の意識の深淵に沈殿し研究を促進するうえでの原動力ともなる名声欲と功名心からすれば、こうした誘惑に心が動かされないのが不思議なのかもしれない。

帰洛後、院生や学生を引き連れ、滋賀県内の更新世中・後期の地層が露出する崖面を見てまわったが、石器のかけら一片さえ見つけることができなかった。前期旧石器時代の遺跡は、そんなに簡単に見つかるものではないことを、あらためておもい知らされたものである。

12 検証はどのようにおこなわれたか

特別委員会が開催されると、いつも重々しい空気がその場を支配した。

関係諸機関の調べで判明し、なんらかのかたちで藤村が「遺跡」の発見・調査に関与したものは一八六ヵ所（このうちの一四八ヵ所が宮城県内に所在）にのぼる。これらを虱潰《しらみつぶ》しに検証するのは、現実に不可能だとおもわれた。二〇数年間にわたって出土した発掘資料だけでも数千点という膨大な数に達するであろう。

検証では、対象とした主要遺跡から出土した石器について、一点一点問題がないかどうか地道で骨の折れる作業が営々粛々と進められていった。それでもすべての資料をチェックできるわけではない。作業に携わった委員たちの士気は、いっこうにあがらない。いうまでもなく、検証作業自体が後ろ向きの性格をもち、常日頃携わっている生産的な研究とは正反対のことを強いられたからである。

それにしても、わずか二年半という短い歳月で、日本考古学協会から検証結果が一冊の分厚い報告書（図22）として刊行され、一応の決着を見たのは、まさに奇跡といってもよい（『前・中期旧石器問題の検証』二〇〇三年）。それも、特別委作業部会の委員はもとより、夜もろくに眠れないほど身を苛《さいな》まれる立場に置かれた藤村の共同研究者たちの献身的な協力があってのことである。多難な任務を主導し収拾に漕ぎつけた特別委の戸沢充則委員長の手腕は高く評価されるべきであろう。

検証にあたって、地質考古学の第一人者である菊池強一が『科学』二〇〇一年二月号に寄稿した「石器の産状は何を語るか」という論文で明快に述べた、「石器といえども、地層を構成する堆積物の一部である」という堆積学的観点からの検討が大きな指針となった。

つまり、石器が地表に廃棄されたら、その後の埋没過程はそれを包含する堆積物と同じ埋没経過と続成作用をたどり、その自然の法則から逸脱することはない、という

図22　日本考古学協会の検証報告書

普遍的な原理である。捏造という行為は、この自然の摂理に逆らうものであることから、この視点から資料を検討すれば、結論はおのずから明らかとなる。

数万年前もしくは数十万年前の地層のなかに埋もれていたにしては説明できない不審な形跡がみとめられないか、つまり、石器に付着している土はもともと埋まっていた地層と同じか、耕作時に鋤・鍬や耕運機の刃先が石器にあたって石器の表面に傷がつき、それが酸化して線状の鉄サビ（酸化鉄）になっていないかどうか、発掘時のキズ（ガジリ）とは別に、風化度を異にする剝離面をもつ（二重風化）石器がふくまれていないか、当該時代の技術として存在しない押圧剝離や加熱処理技術を用いてつくった石器がふくまれていないかどうかなど、ルーペを用いて不可解な痕跡の有無をひとつひとつ丹念にチェックしながら石器の検証を進めなければならず、検証作業は根気と膨大な時間を要するものであった。

藤村が関与した遺跡では数十点の石器しか見つからないのが普通で、多い場合でもせいぜい一五〇点ほどからなる。しかも、どの遺跡も完成された石器や使用したとおもわれる剝片に著しくかたよった石器組成をもち、石器製作時あるいは再生したときに生じた石屑（砕片）がまったく出土しないという、どれもこれも判で押したように似かよった性格をもつ遺跡ばかりである。

わたしは、九段にあった学生社でおこなわれた座談会（一九九四年十一月）の場で、このことを岡村道雄に率直に質《ただ》したことがある（『シンポジウム旧石器時代の考古学』学生社、一九九八年）。しかし、氏は別段、奇異にもおもわない風情であった。諸外国の前期・中期旧石器時代遺跡を見わたしても、こうした事例はほとんど知られず、日本列島の場合だけ突出するという奇妙な現象であった。

旧石器考古学では、地層のなかの特定の層準から出土した石器・剥片・石核等からなる石製遺物（資料）の総体を「石器群」とよびならわしているが、そのなかに不可解な痕跡をもつ資料がどれくらいふくまれているのか、特別委員会の第一・第四作業部会では慎重かつ丹念に検討を進めていった。検証作業が進むにつれ、不審な形跡がまったくついていない、換言すれば、シロと断定できる藤村関与の遺跡は一つだにない、という最悪のシナリオが現実のものとなってきた。ひょっとして、本物の前期旧石器が存在するのではないかという淡い期待と願望も、検証の回数を重ねていくにつれ、急速にしぼんでいった。

藤村関与資料のなかには、黄色い粘土（ローム層）が付着している石器や、疑わしい痕跡がついていない石器も確実にふくまれるのも事実である。当然ながら、そうした石器がもともと旧石器時代の地層に埋もれていたのではないか、真正（本物）の前期旧石器ではないのか、という疑問も生じる。早くから指摘されていたのであるが、すでに取り上げられた石器だけから検証するには限界があり、それらをどんなに詳細に検討したとしても、所詮《しょせん》、状況証拠でしかない、という考えも隠然としてあった。とはいえ、藤村関与遺跡から出土した個々の石器群を全体としてみれば、説明が困難な痕跡をもった資料が例外なくふくまれる事実が明白となってきた。

特別委による検証は、捏造を告白した遺跡の再調査と出土遺物の再点検という二つの方向性をもって、検証作業は粛々《しゅくしゅく》と進められていった。告白された遺跡を再調査によって検証するという手法は、刑事事件の捜査でもよく使われる。しかし、捏造を自白した全ての遺跡を発掘調査によって検証するにはあまりにも対象遺跡が多すぎ、時間も経費もかかる。そこで、検証発掘調査の対象遺跡を絞りこまざるをえない。その場合、前期旧石器研究上の節目となった遺跡がターゲットとなるのは当然である。

藤村が関与した遺跡を検証する目的で、地方公共団体による独自の検証調査もふくめて、一〇ヵ所の遺跡（福島県安達町の一斗内松葉山、埼玉県秩父市の小鹿坂・長尾根北・長尾根南、山形県尾花沢市袖原3、北海道新十津川町総進不動坂、岩手県岩泉町ひょうたん穴、宮城県築館町上高森、宮城県岩出山町座産乱木、仙台市山田上ノ台）が再発掘された。

検証発掘調査によって、地層中から掘り残しの石器が検出された遺跡は四ヵ所（一斗内松葉山、袖原3、総進不動坂、上高森）で、いずれも本来の地層に原位置で埋没していた形跡は確認されなかった。原位置を遊離していた総進不動坂の出土例をのぞいて、いずれの石器も人為的に埋めこんだ証拠が再調査（実際は検証発掘）によって、次々と確認される結果となった。

二〇〇一年四〜五月、再調査の口火を切ったのは、福島県安達町が実施した一斗内松葉山《いっとうちまつばやま》遺跡であった。この場所は、中期更新世以降（七八万年前〜）の地層がよくのこり、年代の判明する火山灰の鍵層《かぎそう》によって地層の年代が判明する模式地とされ、地質学分野の巡検地として有名なところであった。藤村も福島に勤務していたとき、仲間とともに訪れ、地層の年代を耳にはさんでいたという。調査は一九九九年十二月に東北旧石器文化研究所が実施したものである。

安達町による再調査では、露頭面のクリーニングがおこなわれ、約七〇万年前とされる地層の近くで新たに二点の石器が発見された。一九九九年の発掘調査の際に見逃された、取りこぼしの石器である。調査に立ち会った鶴丸俊明委員の話では、石器の周囲には黒い土が残存し、本来の地層とは異質な出土状態を見せたという。また石器の下には七〇万年間という気が遠くなりそうな時間も埋没していたわりには石器のインプリント（跡形《あとかた》）さえ見られず、移植ゴテでつけられたとみられる浅い凹みが検出された。出土状態からして、石器を地層のなかに埋め込んだ、動かぬ証拠といってよい。

秩父市小鹿坂遺跡では前期旧石器時代の建物状遺構も「検出」され「秩父原人の里」と喧伝され、地域振興に一役買った藤村を功労者として、土屋義彦埼玉県知事自ら表彰していた。捏造発覚後の知事の会見の模様をテレビで見たが、怒りをあらわにした姿がなんともいたましくも気の毒でならなかった。観光資源にとぼしい秩父市は町興しにことのほか熱心で、市の職員の名刺に原人のキャッチフレーズを刷りこんだものを多量に印刷し、発覚後も廃棄することもままならず、また地元業者も原人にちなんだ銘柄まで売り出す熱の入れようであったが、その後どうなったものやら。

当の藤村たるや、それまで「河北新報賞」「第一回相沢忠洋賞」（相沢忠洋記念館）を受賞していた。もらっていなかったのは「岩宿文化賞」くらいのものであろうか。

捏造発覚をうけ、埼玉県教育局は、二〇〇〇年十二月、地質学・岩石学の専門家をふくむ「前期旧石器時代遺跡緊急調査事業検討委員会」（委員長　小林達雄・國學院大學教授）を立ち上げ、秩父市内からの出土資料一六二点の検証に着手した。その結果、二〇〇一年五月、日本考古学協会総会において、「前期旧石器としては疑念を抱かせるものが含まれる」という中間報告を発表するとともに、二〇〇一年六〜七月に小鹿坂・長尾根北・長尾根南遺跡の再発掘を実施した。独自の検証調査の結果、新たな石器は一点も見つからず、柱穴をともない建物跡とされた遺構については、自然現象で生じた土層の変化を遺構に見立てたものとして、遺構自体の認定を取り消した。調査を担当した調査員の発掘技術の未熟さを露呈したものであろう。

奥羽山脈を介して宮城県江合川流域と対峙する山形県尾花沢市の袖原3遺跡も、発見に藤村が深く関与した遺跡の一つである。ここでも発掘調査検討委員会（戸沢充則委員長）が立ち上げられ、検証調査は二〇〇一年六・七月におこなわれた。

ここでも計三点の掘り残しの石器が見つかったが、それらの出土状態は一斗内松葉山の場合と同じであった。また、石器が埋め込まれていた地層は、通常、生活面とは考えられない水成堆積物と認定された。さすがに、かすかな望みをつないでいた鎌田、梶原、柳田も調査現場によばれ、捏造の動かぬ証拠を見せられるや、もはや観念せざるをえなかった。

同年八月、北海道の総進不動坂遺跡が再調査されたが、本来の位置を遊離した石器が一点だけ出土した。また、発覚以前の調査で出土した石器四四点の再検討が調査検討委員会によっておこなわれ、「前期旧石器についてはクロ、中期旧石器については限りなくクロに近いグレー」という所見を発表した。

二〇〇一年十〜十一月、捏造発覚の端緒となった上高森遺跡（一九九三年から二〇〇〇年まで六次の調査がおこなわれた）の再調査が特別委と宮城県考古学会の共催で実施された。調査団長は東北学院大学の佐川正敏教授がつとめた。約六〇万年前の地層から掘り残しの石器三点が見つかった。石器が見つかった地層は、袖原3遺跡と同様、水成層と判断された。石器のインプリント（跡形）は観察されず、石器との間に空隙が観察された。まさに一斗内松葉山、袖原3のケースとまったく同じパターンであった。また、発覚以前の調査で検出され住居跡ではないかと推定された柱穴も、自然の地層の色の変化を誤認したものであった。

余談ながら、捏造発覚以前の上高森遺跡の調査で、トレンチの外から石器の取り上げ風景をビデオカメラで撮影していた市民がいた。捏造発覚後、そのビデオ動画を見せてもらった調査関係者は唖然《あぜん》とした。なんと、石器が埋まっていたその跡形に青々としたマツの葉が映っていたのである。調査員も石器の採りあげ時点でそれに気づいたが、なにかの拍子に紛れ込んだものと解し、歯牙にもかけなかったらしい。また、発覚後に明らかになった事実であるが、一九八二〜八三年ころ、宮城県北部の現場で、藤村が石器を地面に差し込んでいる現場を目撃した男性もいた。その男性は石器文化談話会員の妻に告げたが、「そんなことはあるはずがない」と、一笑に付されておわったという。

これらのエピソードは、関係者たちが捏造という行為を夢想さえしていなかったことを如実にものがたっており、座散乱木遺跡第三次調査で初生火砕流堆積物中から石器が出てきたときの対応や処理に共通する点がある。その根底には、そんなことがあるはずがないというおもいこみが前提にあり、まるで他人を疑うことのない性善説の信奉者にも似た思考回路が見え隠れする。これは東北という素朴な風土に由来するものなのであろうか。俗に「生き馬の目を抜く」といわれる関西の風土とは、まるで異なる土地柄なのかもしれない。

二〇〇二年四〜六月には、かつて「前期旧石器存否論争に終止符を打った」と宣言された、宮城県岩出山町座散乱木遺跡の検証調査が日本考古学協会・岩出山町教育委員会の手でおこなわれた。調査費は国民の税金からなる科学研究費補助金（一八〇〇万円）が充てられ、調査面積は旧トレンチとその周囲をふくむ計四五〇平方《メートル》という検証調査にしては大規模なものであった。一九八一年に前期旧石器を出土した一三・一五層からは一点の石器さえ出土せず、上位の五層中から石器一点と剝片一点が出土したのみであった。問題の一三・一五層については、初生の火砕流堆積物であることが再確認された。

座散乱木遺跡の検証調査の結果をうけ、文化庁は二〇〇二年十二月、国指定史跡を解除する告示を「官報」に掲載した。こうした失態は前代未聞のことであり、国史跡指定のありかたに一石を投じるものであろう。また、本件に関して責任をとった文化庁の官僚の名はひとりとして聞かない。国史跡指定の重みというのは、そんなに軽いものなのか、という印象を受けたのはわたしひとりではあるまい。

一連の検証の結果、仙台市山田上ノ台上層・富沢両遺跡（後期旧石器発掘地点）については、捏造はなかったものと判定された。「地底の森ミュージアム」として発掘時の生活面が保存されている富沢遺跡では、炉跡や炭化物が検出され、出土した石器にも不審な点はうかがえず、接合資料も存在することから、シロと判断されたのである。山田上ノ台遺跡では検証のための再調査がおこなわれ、上層から原位置で新たに後期旧石器がまとまって発掘された。しかし、下層からは明瞭な二次加工をともなった石器がまったく出土せず、既存の調査で出土した石器にも不審な痕跡がみとめられ、捏造されたものと判定された。

なお、山田上ノ台遺跡の検証調査の際、段丘礫層直上の砂層中から接合する安山岩製の分割礫片が出土している事実を菊池強一から知り、最近、実見する機会を得た。包含層の性格、分割面が反転した状態での出土、古水流方向にさからった走向傾斜を勘案すれば、自然為とは考えがたい出土状態を見せる。

13 藤村コレクションの中身

藤村新一が長年にわたって収集した遺物が、自宅に保存されていた。これらは、検証の早い段階で、家族の方から提供されたものである。

段ボール箱にして数箱分をかぞえる。すでにふれたように休・祭日を惜しんで遺跡を訪れては拾い集められたものである。共同研究者たちも、これらの採集資料をあまり実見していなかったようである。捏造発覚後まもなく、これらは藤村の自宅から多賀城市の東北歴史博物館に移管された。小野昭は、本格的な検証に着手するまで、厳重に封印するよう関係者に要望した。しごく当然の措置である。

二〇〇一年四月十四・十五の両日、特別委準備会、東北日本の旧石器文化を語る会、宮城県考古学会による三者合同の検討会が多賀城市にある東北歴史博物館で開催され、その一室で封印を解かれたコレクション（計一一九〇点）を実見する機会が設けられた。

石器に記された採集遺跡名、日付にもとづき一九七五年から九三年までの収集品であることが確認でき、とくに七〇年代後半から八〇年代に集中する。これは、期せずして座散乱木、馬場壇Aで前期旧石器が出土した時期と符合する。

東北旧石器文化研究所の自己検証報告では、一九七四年春から踏査を開始したことが知られ、一年のタイムラグがあるものの、ほぼ一致する。採集場所が記されてあるものが三一八点あり、それらの所在地から踏査範囲を、また日付から採集時期を把握することが可能である。三七ヵ所の遺跡もしくは散布地が読み取れ、古川市、岩出山町域からの採集品が多い。ほぼ踏査開始当初からの資料がそろっていることから、収集の意図がどこにあったのかを探るうえで重要な意味がある。

最初にコレクションを目にしたとき、全体の数量が少なすぎるという印象をもった。二〇余年間にわたって捏造を維持するには、傷がついたり欠けたりしたものものもふくまれる採集品のなかから好適なものを厳選しなければならなかったはずである。そのためには捏造に使った数の最低でも十倍ものストックが必要となろう。もちろん、ストックが乏しくなったときには、補充もおこなったはずである。

わたし自身の経験、といっても学生時代にサヌカイト原産地二上山北麓の遺跡分布調査で石器を拾い集めた経験からいえば、地表に散布する石器には、かなりの高い確率で開墾・耕作等による欠損・損傷品がふくまれるのが通例である。わたしが、藤村コレクションを前にして、「これ以外にもっとあるはずだ」といったら、案の定、藤村宅のガレージに保管されていたダンボール箱八杯分の収集品が見つかった。そのほとんどが縄文土器と報告された。

藤村コレクションを一瞥《いちべつ》し、小形両面調整石器、斜軸尖頭器は見あたらない一方で、ヘラ状石器が二〇点ほど確認された。そして縄文時代の石鏃・石匙《いしさじ》がふくまれてはいるが、数量が極端に少なく、耕作時に鉄製耕具との接触でつけられた特有の線状酸化鉄が付着した資料が全体の六割ほどを占めた。

一方、捏造遺跡から出土した石器には、遺跡によって石器表面の遺存状態に差異が観察された。馬場壇A、中峯C、原セ笠張、上高森の石器は器面が比較的損傷を受けていない新鮮なものが多く、それにたいして袖原3、長尾根遺跡などの石器は器面に傷をもつものや摩滅したものがやたらと目につく。調査した年度が新しい袖原3、長尾根では、捏造に使用する石器のストックが枯渇してきた状況を反映したものであろう。

一点ずつ手に取ってひととおり観察したのち、コレクション全体の性格が特定の器種に偏ることなく、剝片、砕片、石核までランダムに採集しているのに一種の戦慄《せんりつ》さえ覚えた。

わたしも、これまで何度か石器収集マニアのコレクションを目にしてきたことがあるが、それらとはまったく趣を異にするものであった。通常のコレクターなら、仲間に見せびらかすために完形品できれいな石器を中心に拾い集めるものだが、見向きもされないような剝片・石核あげくは何の変哲もない石片まで収集されており、そこには採集者の隠された意図が秘められているように感じとれてならなかった。

なお、筆跡から判断すると、石器のネーミング（記名）は藤村自身がおこなったものではなく、学生たちがおこなったものらしい。氏は、内心、これを有難迷惑とおもったかもしれない。

記名から読み取れる地名によれば、宮城県北部の江合川流域からの採集品がほとんどであった。一方、山形県産とみられる後期旧石器時代の珪質頁岩《けいしつけつがん》製石刃もあり、ガジリや不審な形跡がいっさいなく、断面採集もしくは盗掘で入手したのではないかとおもわれる資料もふくまれていた。

藤村の足取りは、江合川流域を中心に奥羽山脈を越えた山形県、転勤先の福島県にまたがり、これらの地域の縄文遺跡から捏造用の石器を調達したものと推定される。これは、捏造石器に使用された石材の産地や自然分布からもうかがえる。

14　巧妙な捏造の手口

山田上ノ台遺跡の調査（一九八〇年）から捏造の決定的証拠を押さえた上高森でのビデオ撮影までの二〇年間、発掘捏造を続けていたことが藤村自身の告白と特別委等の検証調査で明らかになった。どうして、これほどの長期間にわたって、だれにも目撃されずに捏造をつづけることができたのであろうか。専門家ならずとも、だれしも大きな疑問をいだくのは当然であろう。

総進不動坂・上高森では、発掘仲間たちが寝静まった早朝、ひとりで現場にあらわれ、パーカーのポケットに忍ばせた石器入りのビニール袋を取り出し、ものの五分も経たないうちに次々と手際よく石器を埋め込んでいる様子が毎日新聞旧石器遺跡取材班の張り込みでしかと目撃された。また秩父での遺跡探索の際、露頭の地層を調べている最中に、仲間とほんの数《メートル》を隔てながら一瞬の隙をうかがって地層のなかに素早く隠し持っていた石器を差し込んだとしか考えられないケースもある。

しかしながら、上高森にさきだち毎日新聞の記者が張り込んだ秩父市長尾根遺跡では、ビデオカメラを設置し、藤村の行動の一部始終を監視していたにもかかわらず、石器を埋め込んでいる決定的シーンを撮影することはできなかった。後日の検証で判明したことであるが、このとき石器を埋め込んでいたのである。ビデオカメラのレンズでキャッチできないほどの一瞬の隙をつき、しゃがみこんで素早く石器を埋め込んだとしか考えられない。マジシャン顔負けの神業にちかい手練というほかない。こんな達人からしてみれば、考古学研究者という手合いは赤子の手を捻《ひね》るようなものだったのである。

山形県尾花沢市袖原3遺跡では、鎌田・梶原・藤村が連れだって遺跡の西側に隣接する露頭で最初に石器をさがしたときには見つからず、ほかの場所をさがしに行っているときに藤村だけが最初の露頭に引き返し、鎌田・梶原が再びその露頭に戻って石器をさがしたらなんなく見つかった、という話もつたえられる。

福島県のとある発掘現場では、調査担当者が補助員に藤村から目を離すなと厳命し、監視していたにもかかわらず、その補助員が少しの間トレンチを離れた隙に埋めこまれたらしい。また、別の遺跡では、昼食時に調査員が現場を離れた隙を狙って埋めこんだケースも考えられるという。

弱視とつたえられる藤村が、夜間に捏造行為をおこなっていた形跡はない。夜は、もっぱら学生たちと酒盛りに興じていたらしい。発掘を共にした関係者の談によれば、興が乗ったときに演じる裸踊りは、参加した学生に人気の出し物であったらしい。凡人には、とても真似のできないエンターテイナー振りである。普段は寡黙な氏の隠れた一面をのぞかせる。

上高森の石器埋納遺構2（図13）を男女生殖器の交合に見立てる発想といい、男女学生を前にした裸踊りといい、なにか鬱屈した心理の一面を見るようなおもいがしてならない。

また、ある現場では、石器文化談話会員が仕事の関係で残業し、早朝に現場に到着したとき、発掘現場近くで、真新しい雪の上にタイヤの跡がくっきりと残されていたとの証言もある。昼は肉体労働で疲労困憊し、夜遅くに床につき熟睡していた学生や調査員が朝早くに車を乗り回して現場を訪れたとは考えられない。捏造の張本人にとっては、ニアミス寸前のところだったに違いない。

冬場は、だぶだぶのパーカーのポケットに石器をこっそり忍ばせることもできる。上高森の捏造現場をビデオ撮影されたときのいでたちは、まさにそうであった（図1）。

関係者の話によれば、夏の発掘現場にはTシャツにジーパン姿でよく現われたらしい。福島県内の発掘現場で、学生がふざけて藤村のズボンのポケットに手が触れたとき、烈火のごとく怒ったことがあったという。ふだん温和で怒りをあらわにしない藤村がめずらしく感情をあらげたのは、他人に知られたくないものがポケットのなかに収まっていたからなのかもしれない。

しかし、長さ数《チセン》の小さな石器であればまだしも、夏場に一〇《チセン》をゆうに超える「ヘラ状石器」（石箆）をズボンのポケットにいくつも忍ばせていたら、すぐに気づかれてしまうはずである。朝方、調査員や学生たちが熟睡しているときに、ひとり現場を訪れては埋めこんでいたとしか考えられない。

捏造の手口については、まだ十分に解明されているとはいえない。いつしか藤村自身の口から語らせるしかない。

二〇数年間という長期にわたって、捏造行為に走らせた心理構造とはいかなるものなのか。同じ釜の飯を食った同僚たちを裏切り欺くことへの嫌悪感、罪悪感にさいなまれることはなかったのか。いつかは発覚するという恐怖心というものはなかったのか。普通の神経の持ち主であれば、そうした心理的なプレッシャーは想像を絶するものがあったはずである。これらは、石器が出土したときの共同研究者たちが喜悦する姿を見て解消されたのであろうか。これは、犯罪心理学が解き明かすべきテーマなのかもしれない。

15　捏造に使われた石器はどこから

捏造に使用された石器は、いったいどこから手に入れたのだろうか。それらは真正の旧石器なのか、あるいは他の時代の石器なのだろうか。わたしは、これを捏造石器の「戸籍探し」になぞらえた。この困難な作業は特別委第四作業部会が担うことになった。

すでに述べたように、捏造に使われた石器のほとんどがヒトの手になるものであることは疑う余地がない。このことが、発掘捏造が長い間発覚しなかった大きな要因の一つとなったことは否定できない。

しかしながら、藤村が自分で石を割って石器をつくった形跡はない。あるとき、石器づくりで定評のある大沼克彦国士舘大学教授のもとを尋ねてきたが、それも一過性におわったという。石器づくりは一朝一夕にマスターできるものではなく、もともと手先が器用とはいえなかったせいもあって、早々とあきらめたのであろう。これを傍証するかのように、次のような話も伝えられている。

藤村の周囲にいた研究者が、採集した石器を氏自身に資料紹介させる目的で、石器の実測を手ほどきしたところ、生来、細かい手作業が苦手だったようで、長続きしなかったという。教える側もついにはさじを投げ、以後、藤村には遺跡・遺物の発見だけに期待を寄せるようになっていった。その後の経過をみれば、角張淳一が指摘したように周囲の研究者と藤村との間に暗黙の分業体制が形成されていったさまがうかがえる。

わたしが部会長をつとめた第四作業部会では、捏造に使われた石器の由来を探るため、二〇〇一年の冬から二〇〇二年春にかけて宮城・山形・福島県下の縄文時代打製石器の集中的

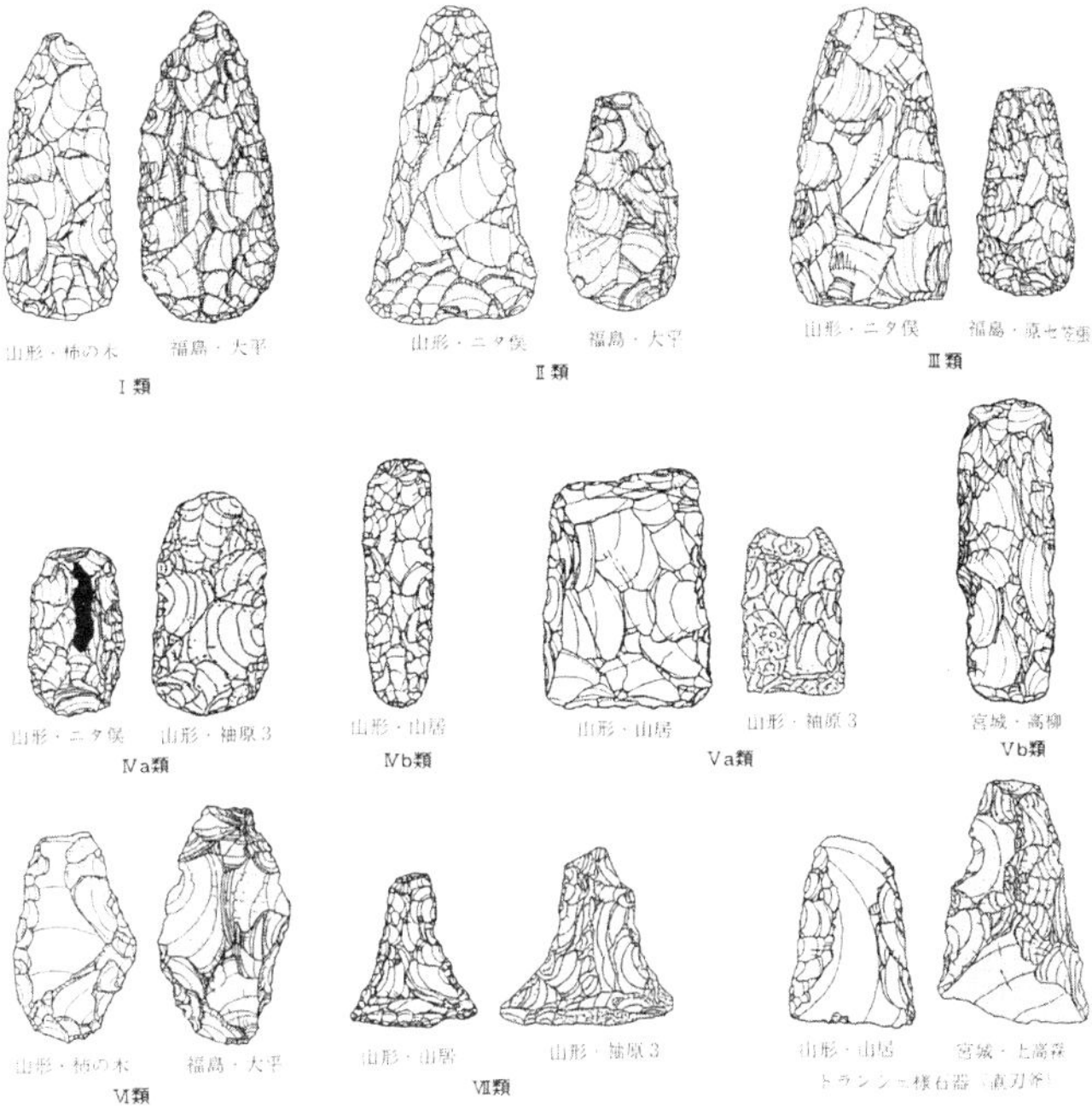

図23　石篦（左）と「ヘラ状石器」（右）実測図

な観察をおこなった。

前期旧石器時代のハンドアックスやクリーヴァーを念頭に捏造に使われた「ヘラ状石器」と中期旧石器時代の標式石器とされた「斜軸尖頭器」については、使用石材（頁岩、鉄石英、瑪瑙、玉髄、碧玉）ともあわせて、検証では特別の注意がはらわれた。

「ヘラ状石器」については、麻《ま》柄《がら》一志《ひとし》・大類《おおるい》誠《まこと》が山形・宮城両県下の資料を実見し、縄文草創期から晩期までの型式分類と変遷をおこなうなかで、前期旧石器時代の「ヘラ状石器」と縄文時代の「石篦」とが製作技術・

形態・刃部再生の面でまったく共通した特徴をもち、同じ器種であることを明らかにした（図23）。

藤村関与の遺跡から出土した「ヘラ状石器」は、使用石材の分析ともあわせて宮城県北部を中心に奥羽山脈を西に越えた山形県尾花沢市周辺の縄文早期を中心とする遺跡から採集された可能性が強いと結論づけられた。これは、かつて竹岡俊樹が指摘したこととも一致し、両者の結論の蓋然性を高めるものといってよい。

また、「斜軸尖頭器」についても、中川和哉・砂田佳弘の検討から、東北地方の縄文時代遺跡から出土する「斜軸剝片」の属性とよく整合することが判明した。藤村コレクションを実見中、中島山遺跡から採集された資料のなかに、斜軸剝片の縁辺に新たに加工を施し、その部分に古色をつけるため自分で加熱した例も確認された。

馬場壇A遺跡などから出土し、竹岡によって押圧剝離の可能性が指摘され、石鏃の未成品の疑いをもたれた小形両面調整石器については、明確な結論は得られなかった。何をもって押圧剝離と認定するのかという基礎的な研究の欠如をはからずも露呈する結果となってしまった。これまでもっぱら石器の形態を中心に議論されてきた研究の陰に、実験・実証的な研究がおろそかにされてきたツケがまわってきた。

16 共同研究者たちの記者会見

二〇〇二年五月十一日、藤村とともに調査研究をつづけてきた鎌田俊昭、梶原洋、栗島義明による共同記者会見が、特別委の戸沢充則委員長の進行のもと國學院大學でおこなわれた。このころにはマスコミの関心も薄れ、取材記者は一〇人、テレビカメラは二台だけであったという。会見は、当事者たちが自ら説明責任を果たすとともに、謝罪会見としての性格をもつものであった。

この会見にさきだち、検証作業の先行きも見えはじめた二〇〇一年の十二月二日、特別委は藤村の共同研究者たち（鎌田俊昭、梶原洋、柳田俊雄、長崎潤一、栗島義明）を内々に明治大学に招き、事情聴取するとともに、①事件発覚一年後の心境と現状認識、②社会に対する説明責任、③各遺跡での藤村の関与度についてのレポート提出、④共同記者会見の準備を要請するものであった。この場には甘粕健日本考古学協会委員長、戸沢充則特別委委員長、小林達雄特別委副委員長、春成秀爾副委員長、小野昭第一作業部会長、白石浩之第二作業部会長ほかが出席した。なお、座散乱木、馬場壇Aの調査を主導した岡村道雄主任文化財調査官（当時）は欠席した。わたし自身は蚊帳の外にいたので、このときの出席者の具体的なやりとりの内容については知る由もないが、その場の緊迫した雰囲気が推測できる。

國學院大學でおこなわれた記者会見の模様は、毎日新聞旧石器遺跡取材班の『旧石器発掘捏造のすべて』(二〇〇二年)と当時者の話から、聴取内容のあらましをうかがうことができる。

ここでは、会見の核心にふれるところだけ紹介する。

記者会見の場での鎌田・梶原による説明によれば、発掘捏造にいたる端緒は藤村と初めて出会った一九七四年にさかのぼる可能性を示唆し、同年から五年間の踏査記録では藤村が参加したときの石器発見率は八〇~一〇〇%《パーセント》という驚くべき数字に達することが明らかにされた。この数字は、もっぱら藤村だけが石器を発見したことをものがたっている。

わたしの個人的な経験に照らせば、数名のグループで踏査をすると、石器を見つけるのにたけたひとは必ずいるものである。不思議なことに、踏査を重ねるごとに、立派な石器を見つけるのは、いつも決まって同じひとになる。世に名人とよばれるひとは、こういう類のひとをいうのであろうか。これが一再ならずつづくと、他のひととは違った特殊な能力を生まれながら備えているのではないかという気分になり、奇妙を奇妙とおもわなくなってしまうものである。これは、科学では説明できない事柄である。

度重なる遺跡の発見に藤村の共同研究者たちも、同様なおもいをいだくようになったのであろう。奇跡をもたらす人物として藤村が重宝された背景には、のちに「神の手」と称された氏のいわゆる超能力を肯定し歓迎する土壌が存在したとしか考えられない。

捏造発覚後間もないころ、藤村の共同研究者であったひとりに、「（発掘に）なぜ藤村を呼んだのか」と単刀直入に訊ねたところ、平然とした口調で「だって、（藤村を）呼ばないと石器が出ないんだもの」という意外な応えが返ってきて、開いた口がふさがらなくなった。その言葉を聞いただけで、藤村があたかも新興宗教の教祖にも似たような存在にのぼりつめていたことを確信させられた。このひとたちにとって、科学と宗教はどうも裏腹の関係にあったようで、まさに両者の関係が紙一重にあることを実感させる。本事件の顚末《てんまつ》を心理学的方面から分析する必要も感じるが、遺憾ながら、それはわたしの専門外の分野に属する。

話がずいぶん脇にそれたので、もとに戻すことにする。

当時者たちのだれしも、なぜ二〇数年間にわたって捏造が見破られずにつづけられたのかという疑念にたいする回答として、①巧妙な捏造の手口、②学界の期待に沿った新たな資料の発見、③藤村に対する妄信、を自己検証報告にあげている。

「学界の期待に沿った」という文言は、正確には「当事者たちの期待に沿った」と言い換えたほうがより真実に近い。次にどのような石器や遺構の出土を期待しているのか、当事者たちの間で公然と囁《ささや》かれていたのであるから。これは教唆煽動と紙一重、共同謀議と受けとられかねない微妙な言いまわしで、慎重に言葉を選んでの発言となったのであろう。

捏造が発覚するまでの二〇余年間、不自然な出土状況が認められても、「(石器の) 発見だけを重視し、自分たちに都合のよいように解釈した」と弁明した。これは、一九八一年の座散乱木遺跡の第三次調査で問題となったときの思考回路と寸分たがわない。しかしながら、最高学府での高等教育と考古学の専門教育を受けてきたものが、二〇余年間という長期にわたって一片の疑いも生じなかったという弁明を素直には信じがたい。この点の説明責任は十分に果たされていないと考えるのは、わたしひとりだけであろうか。

17　検証をふりかえって

本事件の本質は、大学で高等教育をうけた専門研究者たちが二〇余年間もの長期にわたって、捏造にかけては天才的な手管《てくだ》をもったアマチュアに欺きつづけられた、という一点にある。

発覚するまでの時間が長かったため、その影響はきわめて広範囲におよぶことになった。茶番が悲劇に変わったところに深刻さが増幅した。事件のスキャンダル的性格と影響がおよぶ範囲の広さから社会問題としての様相をおび、国会でもとりあげられ、日頃は外部からうかがい知れない考古学界の内幕をのぞきみる格好の機会ともあって、マスコミの目や国民の関心はいやがうえでも高まった。

捏造はなにも日本だけの専売特許ではない。これと類似する事件は、外国でも知られている。

発掘を捏造した海外の事例では、イギリスのピルトダウン人のケースがあまりにも有名である。一九一一～一三年、アマチュアのC・ドーソンによって更新世の礫層中から出土したとされるヒトの頭蓋骨片、偽装したオランウータンの下顎骨・ヒトの犬歯を寄せ集めて同一個体のように見せかけ、現代人の祖先を装ったものであった（F・スペンサー／山口敏訳『ピルトダウン人』みすず書房、一九九六年）。

当時の一流の人類学者はそれに「エオアントロプス・ドウソニ」という学名をあたえ、現代人の直系の祖先に位置づけるという失態をおかし、捏造を長い間見破れなかった。それを贋作《がんさく》と見破ったのは、大英博物館のK・P・オークリーによって一九五〇年代におこなわれた骨に含まれるフッ素含有量の分析であった。これは、人類学者による骨の形態学的研究が科学的分析技術の前に屈伏した事件として研究史に銘記される。

発掘調査中に石器を地層のなかに埋め込んだケースは、広島県帝釈峡遺跡群、長野県野尻湖底立が鼻遺跡の調査でもあった。また、中国の泥河湾でも同様な事件が報じられた。いずれも、早期に発覚したため、影響は最小限にとどめられた。しかし、同様な事件がこののち起こらないとも断言できない。それを未然に防止するための備えも当然必要であろうし、万が一起きたときの対処法も準備しておかねばならないだろう。

事件の背景に「前期旧石器存否論争」の影が重くのしかかっていたことは否定できない。表面的な論争に目を奪われ、こういう想定外のケースに対処できるノウハウ、つまり発掘技術や石器観察技術の開発が遅れていたことも反省しなければならない。事件が経済バブル期に端を発し、基礎分野の研究がおろそかにされ、一見華やかに見える解釈や理論がもてはやされる学界の風潮とも無縁ではない。

さらに捏造発覚が遅れたことが、ひとり考古学という分野だけにとどまらず歴史学界、行政、教育界、出版界への被害を拡大することにつながった。考古学が他の学問分野に見られないほど埋蔵文化財行政と密着していることが、地方自治体を直撃し強烈な衝撃をあたえる事態になった。

発覚するまで藤村関与遺跡の調査に献身的に従事した多くの院生や学生、市民の心情を察するといたたまれなくなる。なかには卒業論文や修士論文のテーマにとりあげた学生や院生も少なくなかった。研究に青春の歳月を捧げながらも無に帰したかれらの心中は察するに余りある。この事件が原因で考古学への情熱を失い、幻滅して去っていった学生もいた。実際、この事件後、全国の大学で考古学を志望する受験生、ゼミ生は急激に減少したことを耳にした。これは、本事件が大きく影響したことを如実に示している。

検証を経て、仙台市山田上ノ台遺跡上層、同富沢（後期旧石器地点）遺跡の疑惑が払拭されたのは、せめてもの慰みといえる。また、宮城県薬莱山の麓にあって藤村関与の遺跡間接合で話題となった薬莱山麓遺跡群のうち薬莱原第一五地点の発掘調査が、二〇〇四・二〇〇六年、加美町教育委員会によって実施され、石刃製ナイフ形石器をふくむ後期旧石器二三点が火山灰層中から出土し、正真正銘の遺跡であることが確認され名誉回復された。しかし、これらはいずれも後期旧石器時代に属するものであり、前期旧石器はふくまれていない。

特別委等による一連の検証作業をふりかえって、議論すべき点も少なくない。見方によっては、藤村関与資料をクロと断じ抹消するという強行措置で幕が引かれた印象をいだかれた方も少なくなかったであろう。しかしながら、検証過程を経てもなおグレイゾーンにある資料について学術的価値を有する資料としてのこせば、そこから導きだされる結論もまた保証されなくなることは当然の論理的帰結といってよい。特別委がくだした藤村関与資料に関する公式的な見解は、この点を配慮したうえでの苦渋の決断といってよい。

一方で、検証の方法とプロセスが当を得たものかどうか、という点になると意見は分かれよう。その当否は、将来の検討と評価にゆだねられなければならない。

日本考古学協会の前・中期旧石器問題調査研究特別委員会が一連の検証作業のなかで果たし

た主導的な役割は否定すべくもない。その協会でさえ一連の捏造遺跡の学会発表を通じてお墨付きをあたえた経緯がある。いうなれば脛に傷をもつ身であった。実際、批判の矛先が日本の考古学界を代表するこの学会に向けられたのは当然のなりゆきであった。それだけに指導的立場にあった協会委員たちにとって苦渋は深刻なものであったにちがいない。検証の方向性と最終決着の着地点は特別委発足にさきだつ早い段階で、日本考古学協会の指導的な立場にある一部の委員の間で内密に協議・合意されていたと考えるのが自然であろう。実際、その後の経過を振り返ってみれば、既定の方針と決着へ向けてのシナリオに沿って進められたのではないか、という印象を拭えない。

検証作業は、藤村自身の口から捏造遺跡の自白を引きだし、いくつかの疑惑遺跡の再調査（実質は検証調査）がそれを補完するというシナリオのもとに進められ、特別委の戸沢委員長の公言通り、一年後には協会の年次大会で中間報告がなされた。そして二〇〇三年五月には検証調査報告書が日本考古学協会から刊行され、事件発覚当初のおおかたの予想に反して三年半という短い期間でスピード決着がつけられた。

決着が長引くほど、日本考古学界がうけるダメージが大きくなるのはどうしても避けられない。また、文化財行政、教育界、出版界、地方自治体等への影響の長期化も好ましくないと判断されたのであろう。実質上、事件発覚からわずか一年半後の日本考古学協会総会で発表された中間報告の時点で大勢が決するとともに、検証期間の短さがそれを裏づける。結果として、この事件は藤村個人による単独犯行の性格をおびて決着させられたのではないかという印象をもたれた方も少なくないであろう。

たしかに、検証の外面的な体裁はつくろわれたものの、その一方で強制終了させられたような印象もなしとしない。このおもいは、藤村と共同して調査にあたった研究者たちにとってひときわ強いにちがいない。二〇〇一年五月、特別委の発足にあたって委員長に就任したばかりの戸沢充則が、記者会見で「一年以内に一定の結論を出す」と公言したとおりに検証は推移し、そしてその予言どおりの収拾がはかられた。うがった見方をすれば、その時点で検証の方向と着地点が定められていたのであろう。

藤村の行動を理事長という監督的な立場からチェックする地位にあった東北旧石器文化研究所の鎌田俊昭の責任問題は、どういうわけか検証過程で影を潜めてしまった印象が強い。もっとも身近にあって、藤村の行動を専門家としての立場からチェックする機能を果たせなかったばかりか、日本考古学協会をはじめとする学会やマスメディア等での発表を通じ、調査成果を喧伝する中心的な役割を演じ、二〇余年間にわたって捏造行為を見抜けず、あまつさえ助長する結果になってしまった責任は避けがたい。

東北旧石器文化研究所の理事として藤村とともに調査を推進してきた東北福祉大学の梶原洋

教授、横山祐平理事の責任も鎌田副理事長に準じる。

東北旧石器文化研究所とは一線を画しながら研究を進めてきた東北大学の柳田俊雄教授、札幌国際大学の長崎潤一助教授、埼玉県立博物館の栗島義明主任学芸員にたいしても、藤村と共同して発掘調査をおこない、捏造行為を最後まで見抜けなかった点で、研究者としての資質と責任を問う声も聞かれた。

彼らは捏造発覚後、マスコミによる実名の報道を通じて十分すぎるほどの社会的制裁をうけ、眠れぬ夜を送ったにちがいない。いうなれば天国と地獄を、身をもって体験したひとたちであった。

藤村の共同研究者たちを卒業生にかかえる大学関係者がうけた衝撃は、想像にかたくない。座散乱木・馬場壇A遺跡の調査を主導した岡村道雄を輩出した東北大学、とりわけ岡村が東京に去ったのち、東北の前期旧石器研究のキーパーソン的役割を果たした鎌田理事長は明治大学出身者であり、前期旧石器時代研究の業績を踏まえ集中講義を委嘱した明治大学の考古学関係者たちのショックは並みたいていのものではなかったにちがいない。

一連の捏造事件の当事者を輩出した明治大学と東北大学は、日本の旧石器時代研究の双璧として多くの研究者を世に送り出し、旧石器学界の二大学閥を形成してきたのは周知の事実といってよい。とりわけ、明治大学は藤村を監督する立場にあった鎌田理事長の出身母体だけに、イメージの低下は避けられず、その修復に躍起とならざるをえない事情をかかえていた。

検証委員会の透明性・中立性という観点からすれば、両学閥と直接的な利害関係をもたない中立的立場の研究者を、日本考古学協会は勇断をもって委員長に抜擢すべきであった。それが見識というものであろう。実際、そうした研究者の名前が巷間の下馬評にあがっていたのである。

一方、芹沢長介教授のカリスマ的指導のもとで門下生を数多く輩出し、明治大学と拮抗する立場にあった東北大学は、事態の重大性を的確に把握できなかったようにおもえる。これは、東北大学キャンパス内にある青葉山E遺跡への疑惑対応で表面化した。東北大学の内部調査委員会は、この遺跡について早々とシロと断定し公表した。しかし、この判定は特別委の検証により覆ることになる。どこにでもある内部委員会の限界を露呈するものであった。

両大学の本事件にたいしていだく危機感には、捏造発覚当初から大きな温度差があったとみなさざるをえない。いずれも本事件の当事者に卒業生を輩出しながらも、検証する側に立った明治大学、検証を甘んじて受けざるを得なかった東北大学という構図は、終始、明治大学側のイニシアチブのもとで推移したというのがだれしもいだく印象であろう。

検証作業への協力姿勢についても、明治大学VS東北大学という対立構図を引きずった一部の研究者、行政機関があったことも否定できない。とくに東北大学出身者の多い宮城県下の自治体にこうした傾向が強かったのは残念である。これは、特別委の発足当初から十分予想されたことでもある。特別委の委員長に中立的な立場の研究者を待望した理由の一つは、まさにこの点にあった。

発掘捏造事件の洗礼をうけ、旧石器考古学界での明治・東北両大学の地盤沈下は避けられなくなり、日本の旧石器研究を陰に陽にリードしてきたかつての栄光と自負は、いまや色褪せてしまった印象をぬぐえない。一九七〇年代以前の状況ほどではないにしても、斯界で穏然たる勢力を誇る二大学閥を両輪とした研究体制は、本事件で少なからざる打撃をうけ、影響力の後退を余儀なくされた。

これは余談だが、捏造発覚後、この事件が前期旧石器存否論争の延長上に起きたことを理由に、大分県早水台遺跡の石英製前期旧石器、北関東の珪岩製前期旧石器論争に最終的な決着をつけることをもくろみ、特別委で取り上げて一挙に結着をつけようとする動きもあった。これは、特別委が設置された趣旨と学問上の論争をはき違えたもので、藤村関与遺跡の検証を目的とする特別委の議論の俎上にのぼるはずもない。異論や異見があれば、個人的に学会で発表するか、論文を発表すればことたりるわけで、考え違いもはなはだしい。こうしたきな臭い動きの出所と思惑も知れようというものである。

「藤村石器」を容認し、文筆活動・講義・講演等々を通じ一般市民・学生等への誤った啓発をおこなってきた研究者の社会的責任は、依然として不問のままである。もちろん、わたしとて例外ではない。

捏造遺跡が発覚する以前には藤村関与遺跡の調査指導委員会の委員に名を連ね、発覚後は検証委員会の委員として攻守ところを変えた研究者もいる。こうした研究者にたいして「節度というものはないのか」という声もわたしの耳に伝わってきた。「あとで検証するくらいなら、どうして発覚する前にしっかり指導してくれなかったのか」という当事者たちからの恨み節の一つも聞こえてきたのも無理からぬ話である。

本事件発覚後、指導的な研究者が取った態度は決まり文句のように、せいぜい自らの不明を詫びるくらいの弁しか聞かれないか、台風が通り過ぎるのを待ち続けるかのように、ひたすら沈黙を守りつづけるくらいのものであった。本事件は後期旧石器の研究で名を馳せた研究者といえども、前期旧石器の真贋を判別する能力をもちあわせていなかったことを如実にものがたっている。残余の研究者とて五十歩百歩というところであろう。研究者の責任問題は、研究者ひとりひとりが深く反省し、各自がそれぞれの立場で回答をあたえなければならない重い課題かと考える。

韓国考古学界の指導的立場にある学者のひとりである畏友の裵基同《ベキドン》教授が、事件発覚後わたしに語った「この試練を乗りこえて日本の旧石器考古学は一段と研究基盤を強化するにちがいない」という言葉がいまも耳に焼きついて離れない。狭隘な被害者意識から脱し、研究者ひとりひとりが旧石器考古学の新生に向け、何をなすべきかを自問すべきであろう。

18　捏造後、何が変わったか

発掘捏造事件をうけ、あらためて日本列島の人類史の起源が、研究者ならずとも国民の関心事になってきた。小田静夫のように「日本には三万年前より古い時代の文化、あるいは人類の存在を示す証拠というのはない」と明言する研究者まであらわれた。氏の発言は、長い間、フィールドとした武蔵野台地野川流域での自らの発掘経験にもとづいたものであり、それなりの根拠をもつ。

しかしながら、武蔵野台地といえども広い日本列島のなかでみれば関東という地域のなかの一つのエリアにすぎず、また前期旧石器の検出を目的とした調査面積も狭く限られたものであり、すぐさま氏の考えを日本列島に敷衍化できるわけでもない。そもそも前期旧石器時代の人口自体が後期旧石器時代のそれにくらべて格段に少なかったと考えられ、後者の観点をそのまま当てはめるには大いに問題がある。岩手県金取遺跡の例を引き合いに出すまでもなく、降雨量が多く浸食作用が卓越する日本列島で前期旧石器時代の遺跡が遺存していること自体、希有な事柄なのである。

近年、韓国各地で前期旧石器の発見が相次いでいるが、どの遺跡もトレンチを五～八メートル《メートル》掘り下げるという調査努力の結果として旧石器が発見されており、わが国では、掘り下げが足りないのではないか。開発業界の声に押され、建物の基礎で破壊される深度以上の調査に歯止めをかける結果となった文化庁の行政指導は、前期旧石器探索の要請と逆向するものといってよい。

その一方で、行政調査の担当者によっては、旧石器包含層の黄褐色シルト層が頭をのぞかせると、常套句の「地山」と称して調査を打ち切ってしまうケースもあとを絶たない。旧石器を出すと、石器実測、整理、報告書作成をふくめてあとが厄介《やっかい》だという認識のほかに、自分の専門外とする時代の遺物には手をつけないという狭隘な専門家意識からくるのであろう。赤土層が現れると調査を終えてしまった「岩宿の発見」以前の発掘状況と現象的にはなんら異ならない。大学の専門課程での教育の仕方にも問題があろう。

前期旧石器の発掘捏造事件が旧石器研究者にあたえた影響も無視できない。

事件後、前期旧石器に言及する研究者は影をひそめ、口にすることも憚《はばか》るような雰囲気が蔓延し、あたかも心的外傷（トラウマ）の症状を見せている。行政に身を置く研究者の場合、なおさらである。かつて佐原眞は「慎重かならずしも美徳にあらず」という格言を引用したが、研究は安全圏の後期旧石器時代の分野に逼塞《ひっそく》し、前期旧石器研究にたいして腰が引けた状態がつづいている。事件の後遺症の大きさにあらためて驚かされる。もともと未知の世界にたいする旺盛な知的好奇心にもとづく果敢かつ勇気ある前向きの探究を身上とするはずの考古学にとって、本命である活力とパイオニア的精神を喪失させてしまいかねない状況が現出している。

山形県寒河江市富山《とやま》遺跡では、一見ハンドアックスにも似た粗い剝離痕でおおわれた大形両面調整品が土器をともなわずに出土し、竹岡俊樹は形態・技術的な観察にもとづいて約三〇万年前のアシュール型石器群と推定した。一方、慶応大学の阿部祥人《あべよしと》教授は、その報告書の書評で、伴出した炭化物の放射性炭素年代も加味し、富山遺跡を石材原産地近くに営まれた縄文時代の石器製作址として再評価した。

わたしも、かつてサヌカイト原産地二上山北麓の分布調査中、同様な性格をもった遺跡を見つけたことがある。発見当初は、ハンドアックス石器群を見つけたと欣喜雀躍したが、その後、完成間際に失敗し捨てられた石槍（石剣）が見つかり、浅い風化度ともあいまって、弥生時代の石槍（石剣）製作址であることが判明した。

富山遺跡の資料については、特別委第四作業部会の委員たちとともに山形県埋蔵文化財センターでつぶさに実見する機会をもったが、前期旧石器にしては風化度が浅く、縄文時代の石器とさほど変わらないものであった。日本列島におけるアシュール型ハンドアックスの存在については竹岡の勇み足に終わったが、石器だけの技術形態学的研究の限界を露呈する一方、阿部の書評により批判的精神は正常に機能していることを確認させた。

本事件にたいする過度のリアクションの一つとして、教科書上で旧石器時代に関する記述の縮小化が目立つばかりか、縄文時代も巻き添えになり、日本列島の歴史を水稲耕作が展開する弥生時代から説き起こそうとする憂慮すべき事態も表面化してきた。これこそ、歴史的事実の無視・歪曲であり、考古学を分断する悪意さえ感じさせる。

旧石器人を短絡的に日本人の祖先と決めつけることはできないが、日本列島の人類史を旧石器時代から説き起こしてはじめて、日本列島で生をおくった幾多の先人の営みに想いを馳せ、正しく後世に伝えることが可能となる。それを無視することは先人あるいは歴史への冒瀆《ぼうとく》にひとしい。あらためて、この事件がもたらした影響の大きさがうかがえる。

藤村関与の「前期旧石器」について、すべての旧石器研究者が容認していたわけではない。疑念を抱きながらも、積極的な発言を控えていた研究者も少数ながらいた。彼らは、捏造だと積極的に主張するだけの決定的な証拠を握っていたわけではなかったからである。これは、考古学という学問の性格からして一面では無理からぬところがある。安斎正人が述べているように、調査者の見解にたいして真っ向から異論を唱えると、資料の実見さえ拒否されたケースもある。わたしも、藤村が関与していない資料について発掘捏造後に実見を申し入れたところ、「発掘以前であれば、見せてあげたのに」と、訳のわからない理由で断られたこともある。

汗水を流して発掘し、学術上貴重な資料を掘り当てた研究者は、第三者にたいして優位な立場に立ち、暗黙のうちに研究・発表のプライオリティ（先取権）を容認されるのは、洋の東西を問わず世のならいとなっている。その是非については異論もあるが、理屈では説明できない事柄なのである。これは考古学だけに限らず、フィールドワークを身上とする学問におしなべていえることで、実例をあげるまでもなく人類学、古生物学、地質学などの分野でも似たりよったりのところがある。

一方で、二年余におよぶ検証発掘を通じていやがうえでも培《つちか》われた堆積学的あるいは遺跡形成論的視点にもとづいた調査技術は格段の進歩をみせた。これは、発掘捏造事件の検証がもたらした副産物として積極的に評価されるべき面で、こうした事件の再発や不正行為に対して、確実に見破れるという技術上のノウハウを提供した。しかしながら、こうしたノウハウが全国の遺跡調査に採りいれられ、日本旧石器考古学の調査技術を底上げするまでにはいたっていないようにおもえるのだが、いかがなものであろうか。

日本列島では北海道から奄美大島まで、日本旧石器学会の調べによれば、ゆうに一万四〇〇〇ヵ所を超える後期旧石器時代の遺跡が発見され、これまでに数百ヵ所の発掘調査が実施されており、東アジアではトップ水準といえる調査研究がおこなわれている。これら後期旧石器時代の研究と藤村自身が告白した四二ヵ所の捏造遺跡とを同列にあつかってもらいたくない、というのがわたしの偽らざる気持ちである。このことは、真摯《しんし》に調査・研究をおこなってきた多くの研究者の名誉のためにも強調しておきたい。

19　再生に向けて―日本旧石器学会・アジア旧石器協会の設立―

遺跡発掘捏造発覚の一年前にあたる一九九九年十月、北京原人第一頭骨発見七〇周年を記念して北京で開催された国際会議に出席した。有名な北京原人（中国では北京人、北京猿人と称される）の最初の頭骨が発見された一九二九年を記念し、五年に一度北京で開催されるメジャーな国際学会で、アジアはもとより世界各地から人類学、考古学、第四紀学、年代学などの第一線の著名な学者や研究者が出席し、数日にわたって研究発表と最新の情報交換をおこなう場である。一衣帯水の距離にあって、日本の旧石器研究の成果を国際的にアピールする絶好の機会であるにもかかわらず、日本人研究者の参加は少ない。この点にも島国根性、内弁慶さが看取されてならない。

その公式レセプションのあと、いずれも親しい間柄にある中国の高星《ガオシン》教授（中国科学院古脊椎動物古人類研究所）、韓国の李隆助《リユンジヨ》教授（国立忠北大学校）・裵基同《ペキドン》教授（漢陽大学校）とともに場所を変え懇談の場をもった。アルコールもてつだって打ち解けた雰囲気のなかで、東アジア的視野に立った旧石器分野の国際交流の枠組みと、中国、日本、韓国、ロシアの研究者たちによる国境を超えた定期的な学術研究交流をおこなう母胎としての国際学会組織の立ち上げについて自由な意見を交換し、大筋で意見の一致を見た。その実現に向け、各国で旧石器研究者を結集した国内学会組織を立ち上げ、緩やかな連合体としての東アジア旧石器学会を創立するという方向性が確認された。もちろん、上記四ヵ国以外のアジア諸国の研究者を締め出すものではない。門戸はつねに開放された国際組織となる。

韓国では、すでに韓国旧石器学会が設立され、活動を開始していた。この組織の設立にさきだち、わたしは将来の日韓二国間での旧石器学術交流を視野に入れた韓国側受け皿として、裵基同教授や国立釜山大学校の朴英哲《パクヨンチョル》教授（現延世大学校教授）を口説いて全国組織の創設をうながした。旧石器以外の分野では、日本の九州と韓国南部の研究者が両国で研究集会を相互に開催する組織として嶺南考古学会が活発な研究集会をひらき、実績を重ねていた。朴教授らを口説いてからわずか一年たらずで、わたしの願いは実現することになった。ソウル大学閥と延世大学閥の二つの人脈に色分けされ、学閥意識が根強い韓国の旧石器考古学界で、異例ともおもえるスピードで全国組織としての韓国旧石器学会が誕生したのには、正直言ってわたしも心底驚いた。その背景には、研究者人口の増大ともあいまって、旧石器遺跡の調査件数も増え、調査成果の情報交換、研究者の業績づくりなど、学会の成立をもとめる気運が醸成されていたのであろう。

やがて、中国やロシアでも紆余曲折《うよきょくせつ》を経ながら、両国の指導的研究者の尽力で国内の旧石器研究者を結集した国内学会が誕生した。ここに至るまでに数年の歳月を要した。

北京でおこなった四者会談をうけ、帰国後、国内学会創設に向け行動を開始した。日本の旧石器分野では地域割りの独立した研究会が十団体ほど存在し、それぞれの特色を有しながら地域に根差した地道な研究会活動をおこなっている。これらは、大は五〇名をこえるところから、小は一〇名前後の会員のところまで千差万別である。構成員も大学・行政機関に籍を置くもの、民間人と多彩である。

民間の研究者が多いのは、日本考古学の特色といってよく、韓国や中国では民間考古学者にお目にかかったことがない。韓国や中国では、大学教員のほかに大学で専門教育をうけ考古学関連科目の単位を履修し、発掘の技術・資格を取得したものだけが遺跡の調査に従事できる。日本のように、大学で考古学の専門的知識を身につけても、考古学あるいは埋蔵文化財関連の専門職に就かず、民間会社に就職して生計を立てながら趣味として考古学に携わるアマチュア研究者はいない。日本のアマチュア考古学者のようなライフスタイルは、国民性や国の文化・教育レベルを反映したものであろう。

全国の地域団体を説得し、全国学会組織の樹立まで漕ぎつけるには多くのハードルをこえなければならない。まずはすべての団体が呑めるような規約を作成しなければならない。会設立の趣旨説明はもとより、たたき台としての素案づくりと文言修正にやたら時間を要することになった。そのうえ、団体によっては年一回開催される年次総会での議決を必要とするところもある。それでも、時間と忍耐を要する作業が気長に進められた。

これらの骨の折れる工作を内々に進めている最中に旧石器遺跡発掘捏造が発覚し、国内学会組織の立ち上げを棚上げしなければならない事態となってしまった。実際、それどころではなくなってしまったのである。

しかしながら、わたしにはこの事件で瀕死の状態にあったわが国の旧石器考古学界を蘇生させるには、またとないチャンスの到来とおもえた。常日ごろの人生処訓「転禍為福」を実行する絶好の機会である。こういう危機的状況でなければ、人心はまとまらないものである。発掘捏造事件の決着する時期はかならず訪れるであろうし、その後にやってくる旧石器考古学界の再出発を見越して、発掘捏造の検証と並行しながら工作は水面下で進められた。

北京での四者合意（前述）を実現すべく、また発掘捏造事件にたいする深い反省のうえに旧石器研究の新たな出発をめざし、安蒜政雄、小野昭、白石浩之、わたしの四名が日本考古学協会の開催時に合わせて東京や地方都市で協議をおこない、途中から初代会長に目した稲田孝司岡山大学教授（当時）もくわわって発足にいたるまでのガイドラインや会則を作成し、旧石器考古学と関連分野の研究者からなる全国組織の結成に向け同志を募ることに奔走した。めざす学会は地域団体の連合方式から個人参加方式に切り替えられた。

何回もの会合を重ねながら、二〇〇三年六月、旧石器考古学はもとより地質学・人類学など関連分野の研究者もくわえて全国組織としての「日本旧石器学会（ＡＰＲＡ）」の設立に漕ぎつけることができた。趣旨に賛同した会員は一〇〇名をこえた。一つの時代分野を対象とした全国レベルの研究者組織としては、わが国で初めて学閥という垣根を取りはらい、研究者の国際的な連携を視野におさめた未来志向の学会組織となった。発掘捏造で地に墜ちた日本旧石器考古学の信頼を回復し、研究者に自信を取りもどさせ、新たな目標に向かって研究を活性化するうえで、当時にあってこれ以上の挽回策は考えられなかった。

対外的には信用と面目を大いに失墜した日本の旧石器考古学界ではあったが、その一方で、東アジア四ヵ国（中国・韓国・日本・ロシア）による国際学会が、渉外担当委員長の小野昭をはじめとする各国の代表者たちによる忍耐強い折衝を重ねたうえ、二〇〇八年六月にロシアのノボシビルスクで開催された国際学会を機に、「アジア旧石器協会」（略称ＡＰＡ）として正式発足に漕ぎつけた。加盟四ヵ国が、毎年輪番で開催地を引き受けることになる。他の時代の研究分野にさきがけ、アジアの旧石器研究者たちが最新の研究成果を引っ提げ、国境を超えた研究交流をおこなう意義はじつに大きいものがある。

二〇〇九年秋の北京でのアジア旧石器協会第二回大会を経て、二〇一〇年秋には、第三回目の大会が韓国忠清南道公州市で開催の予定となっている。二〇一一年には、日本に開催地がまわってくる。

アジア旧石器協会という国際学会の発足で、かねてから筆者が温めてきた東アジア的視野のもとで、諸地域の研究成果を互いに相対化する、という構想は現実のものとなってきた。今後、日本列島の旧石器文化を東アジア的視野のもとで比較・評価するうえでの不可欠な視座を提供することとなろう。それはまた、一国主義あるいは地域主義に陥りがちな閉鎖的な枠組みを脱し、国際的視野にもとづいた研究を促進するうえで大きく寄与するにちがいない。

20 どこまでさかのぼる日本列島の人類史

藤村関与の前期旧石器が消滅したあと、日本列島の人類史の始まりがいつころまでさかのぼるのかという問題が大きな関心事となってきた。学界の一部では、座散乱木遺跡で前期旧石器が見つかった一九八三年の時点まで逆戻りした、との発言も聞かれた。

しかし、藤村が遺跡の発見と発掘調査にまったく関与せず、三万年前を大きくさかのぼる開地遺跡が存在する。岩手県宮守村《みやもり》（現遠野市）に所在する金取《かねどり》遺跡である。藤村新一による座散乱木遺跡でのセンセーショナルな発見の陰に隠れ、一九八四年に岩手県在住の民間考古学者武田良夫によって発見され、翌年、菊池強一らによって緊急発掘調査された。

また二〇〇〇年には、萩原博文によって平戸市入口《いりぐち》遺跡で瑪瑙製の石器の出土も報じられた。石器出土層は古期中位段丘面（M1面）の礫層を被覆する赤色粘土層（4層、古土壌層?）の直上とその上位の黄色粘質土層下部（3b層）で、この段丘面は関東の下末吉面に対比されるという。光励起《ひかりれいき》ルミネッセンス（OSL）年代が長友恒人らによっておこなわれ、3b層が約九万年前、4層が一〇・三万年前と測定されたが、火山灰分析はおもわしい成果を見なかった。瑪瑙製の石器は3b層から二四点、4層から三点報告されている。なお、出土した石器については、人工品としての認定をめぐって研究者の間で議論がある。

ほかに大分県早水台遺跡、長野県野尻湖立が鼻遺跡、同石子原《いしこはら》遺跡、同竹佐中原《たけさなかはら》遺跡、静岡県ヌタブラ遺跡、熊本県大野遺跡などが後期旧石器時代をさかのぼる遺跡として報告されているが、野尻湖立が鼻遺跡（五・四〜三・八万年前）を除いていずれも地質年代が不明瞭である。

さらに二〇〇九年秋には、島根県出雲市砂原《すなばら》遺跡で三瓶雲南《さんべうんなん》火山灰（七万年前）直下のシルト層中から玉髄製剥片、流紋岩製スクレイパーなどの新たな資料発見があった。

ここでは、確実な石器をともなう金取遺跡と砂原遺跡を取りあげ、研究の現状をかいつまんで紹介しておくことにする。

岩手県金取遺跡

金取遺跡は、立地する段丘面の形成時期、火山灰層序学の検討から八〜九万年前に年代づけられる（菊池強一編『金取遺跡』宮守村教育委員会、一九八六年、松藤和人著『日本と東アジアの旧石器考古学』雄山閣、二〇一〇年）。遺跡は、北上山地西麓の狭い山間盆地に張りついた古期中位段丘面（M1面）上にある。この段丘礫層は海洋酸素同位体比ステージ（MIS）5e（約一二・七〜一二万年前）の温暖な気候が支配する亜間氷期に形成された赤色風化殻をみせる。第Ⅳ文化層は段丘面構成層の最上部に包含される。遺跡があるところだけがかろうじてその後の浸食をまぬがれ、まさに奇跡的に遺存した幸運な遺跡である。遺跡の大半は土取りによって失われ、いまは国道三九六号線との間に幅数メートルの道路法面としてわずかに残存するにすぎない。

金取遺跡では計三枚の旧石器文化層が検出され、下位の二枚の文化層（第Ⅲ文化、第Ⅳ文化層）が前期旧石器、最上部の文化層（第Ⅱ文化層）は後期旧石器時代に属する。第Ⅲ・第Ⅳ文化層ではもっぱら在地産のホルンフェルスを多用するところに大きな特徴がある。わが国の後期旧石器にはあまり見かけない石材で、このような特殊な石材選択からしても後期旧石器とは明瞭に一線を画する特異な石器群であることが知られる（図24）。

最下部の第Ⅳ文化層は重厚な礫の一端を打ち欠いて粗い刃をつけた礫器、剥片など計九点からなり、火を使った証拠でもある炭化物の集中部とともに段丘面が完全に離水する前の川辺に

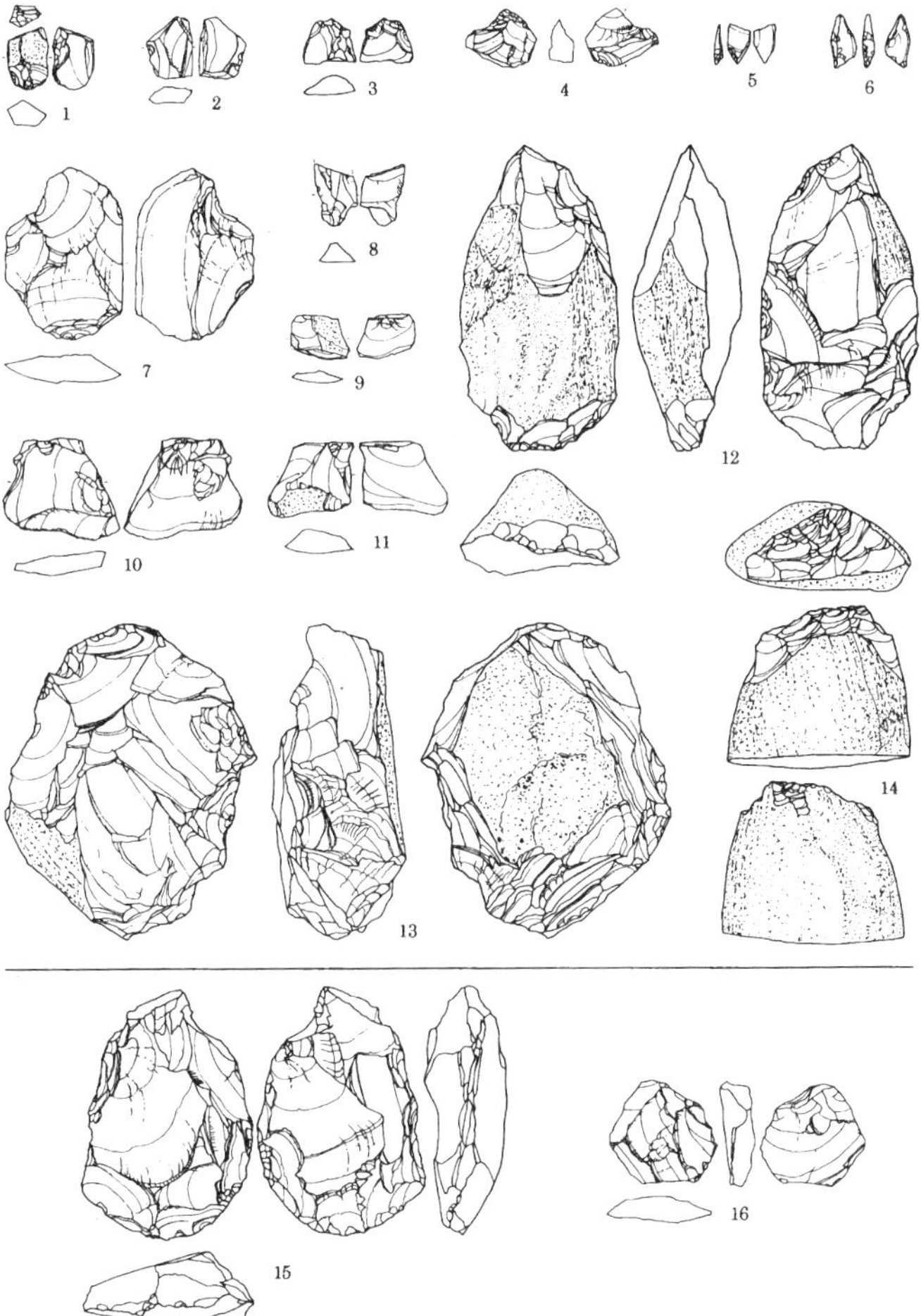

図24　岩手県金取遺跡第Ⅲ文化層（上）・第Ⅳ文化層（下）の石器

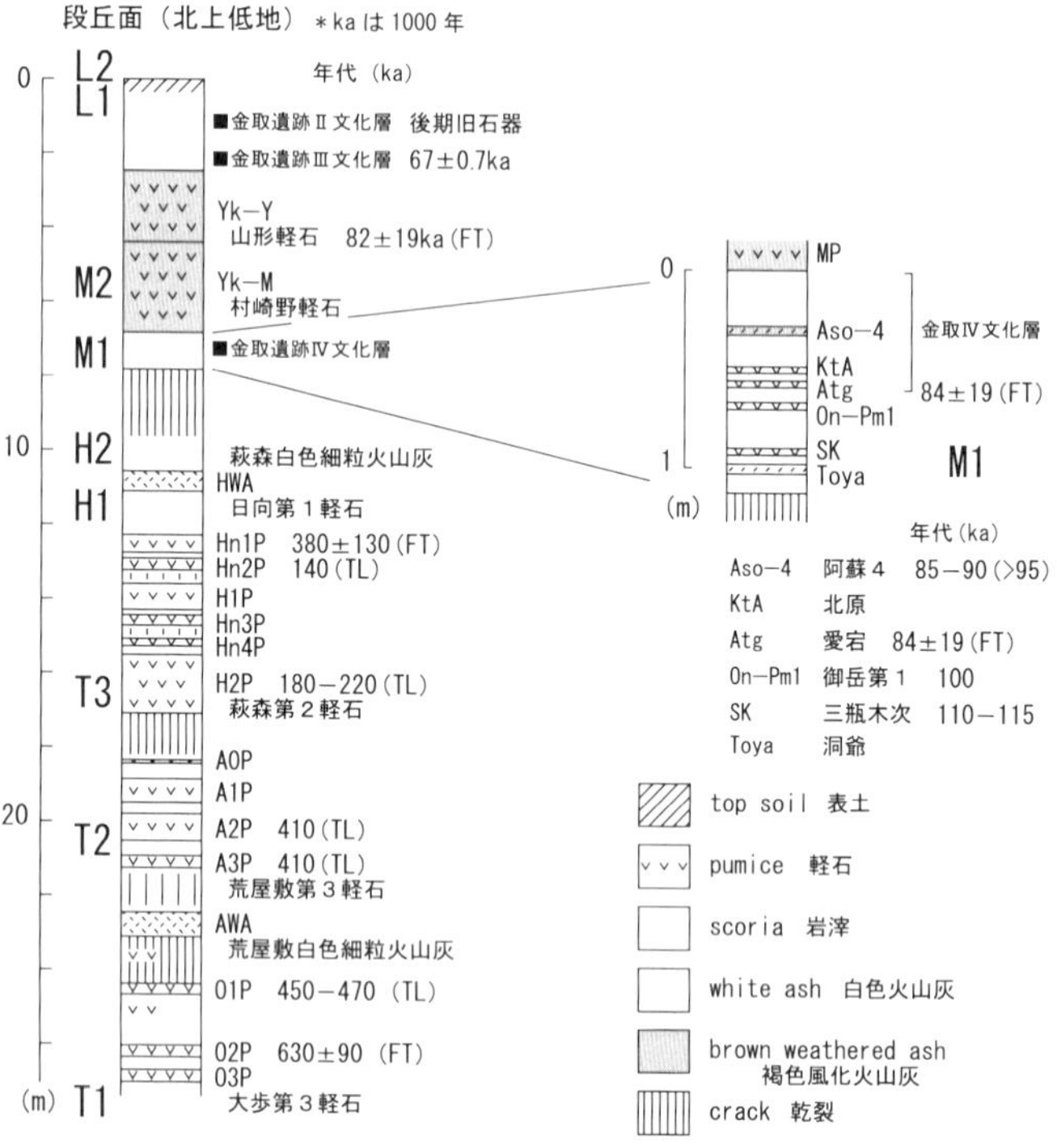

図25　金取遺跡のテフラ層序

近い場所にのこされたことがうかがえる。その証拠に石器類や炭化物は乾裂面の直上から出土している。

第Ⅲ文化層はチョッパー、石斧状石器、小形剥片、二次加工のある小形剥片、砕片、円盤状石核など計三一点からなる。本文化層は、MIS4の寒冷期に形成された周氷河現象のひとつとして知られるインヴォリューションの上面付近に包含され、本層準付近には岩手−生出火山灰に由来する火山ガラスをふくむ。最近、別の地点からの試料ではあるが、この火山灰の下部にはさまれる岩手－雪浦軽石の年代が檀原徹によりフィッション・トラック法で六・七±〇・九万年前と測定された。第Ⅲ文化層の年代はこの年代にきわめて接近したものと判断される。産総研の伊藤順一の教示によれば、この火山灰は岩手山麓の植物遺体、広域風成塵、化石周氷河現象の解析から、MIS4の寒冷期のピークが過ぎ温暖化に向かう時期に降下したものという。

島根県砂原遺跡の発見

僥倖《ぎょうこう》というものは、前触れもなくやってくるものである。

二〇〇九年八月八日、わたしのもとに科研費による海外共同調査チームの主要メンバーのひとりである成瀬敏郎兵庫教育大学名誉教授から一通のメールが石器・露頭の写真を添えて寄せられた。島根県出雲市多伎町砂原《すなばら》にある真新しい露頭面の地表下約二《メートル》の深さの地層中から、人工的に打ち割ったとみられる石片を採取したので見てほしいという文面であった。

写真だけでは判別がつかない点もあるので、現物を研究室宛てに送ってもらった。同十二日、送られてきた石片を手にとって観察すると、表裏に泥砂質シルトや酸化鉄の斑紋が付着し、一部に節理面をのこす以外は剥離面によっておおわれた玉髄《ぎょくずい》製の剥片と認められた（図26）。主要剥離面側には小さな打面に接して打撃錐、打瘤、打瘤裂痕が観察され、縁辺はい

図26　島根県砂原遺跡で最初に見つかった玉髄製剥片

たってシャープである。

成瀬によって撮影された写真には地表直下に厚さ約三〇センチの赤褐色の古土壌が認められ、こうした分厚い古土壌は最終氷期最寒冷期（ＭＩＳ２）以降には存在しない。石器は、それよりも一・五メートルも深い地層中から見つかっている。その石器は後期旧石器時代以前に属する可能性がきわめて高く、事実だとすれば、きわめて重要な発見となる。なにはともあれ、まずは現地を確認することにした。

八月二三〜二五日の三日間、剥片が出土した地層を確認すると同時に、火山灰分析用試料を採取する目的で、成瀬の案内のもと菊池強一、佐藤良二、麻柄一志、稲村秀介、上峯篤史、大本朋弥とともに現地を訪れた。菊池は、二〇〇一年以来、共同して金取遺跡の年代研究を進め、ともに韓国や中国で旧石器を実見した経験をもつ親友である。発掘捏造事件の堆積学的観点からの検証を通じて一躍名が知られ、石器の産状をつぶさに観察するためわざわざ盛岡から駆けつけていただいた。見つかった石器を堆積環境との関連で詳細に検討してもらうには菊池をおいてほかにいない。また、後々のことを考えて、地元の旧石器研究者である旧知の丹羽野裕《にわのひろし》（島根県埋蔵文化財センター）にも事前に連絡し、現地と石器を観察してもらい、行政的立場からアドバイスを受けることにした。

砂原遺跡は、日本海の大社湾に面した標高二一メートル《メートル》の海成段丘面上に立地し、本段丘面は成瀬、渡辺満久によって最終間氷期に形成された関東の下末吉面に対比された。この段丘面は、北側を国道九号線の拡幅工事で、また西側を土取りにより大きく削り取られている。

高さ二メートル《メートル》余の真新しい露頭面の観察で、段丘構成層の上に二枚の分厚い火山灰層と三枚の古土壌層が確認された。最初に見つかった玉髄製剥片は上から三枚目の古土壌層中に包含されていた。玉髄製剥片の表面に付着する酸化鉄の斑紋《はんもん》や土壌は、成瀬が石器を見つけた地層だけに観察されることが菊池によって確認された。

韓国や中国の発掘現場でいっしょに前期旧石器を実見したことが、成瀬の石器発見につながったのであり、たいていの地質学者はさして気にもとめなかったにちがいない。

また石器を包含する泥砂質シルト層は崖面に沿って南側へ連続していることが確認され、最初の剥片が見つかった位置から南へ約一〇メートル《メートル》離れた崖面から石英斑岩《はんがん》製石核一点、さらに玉

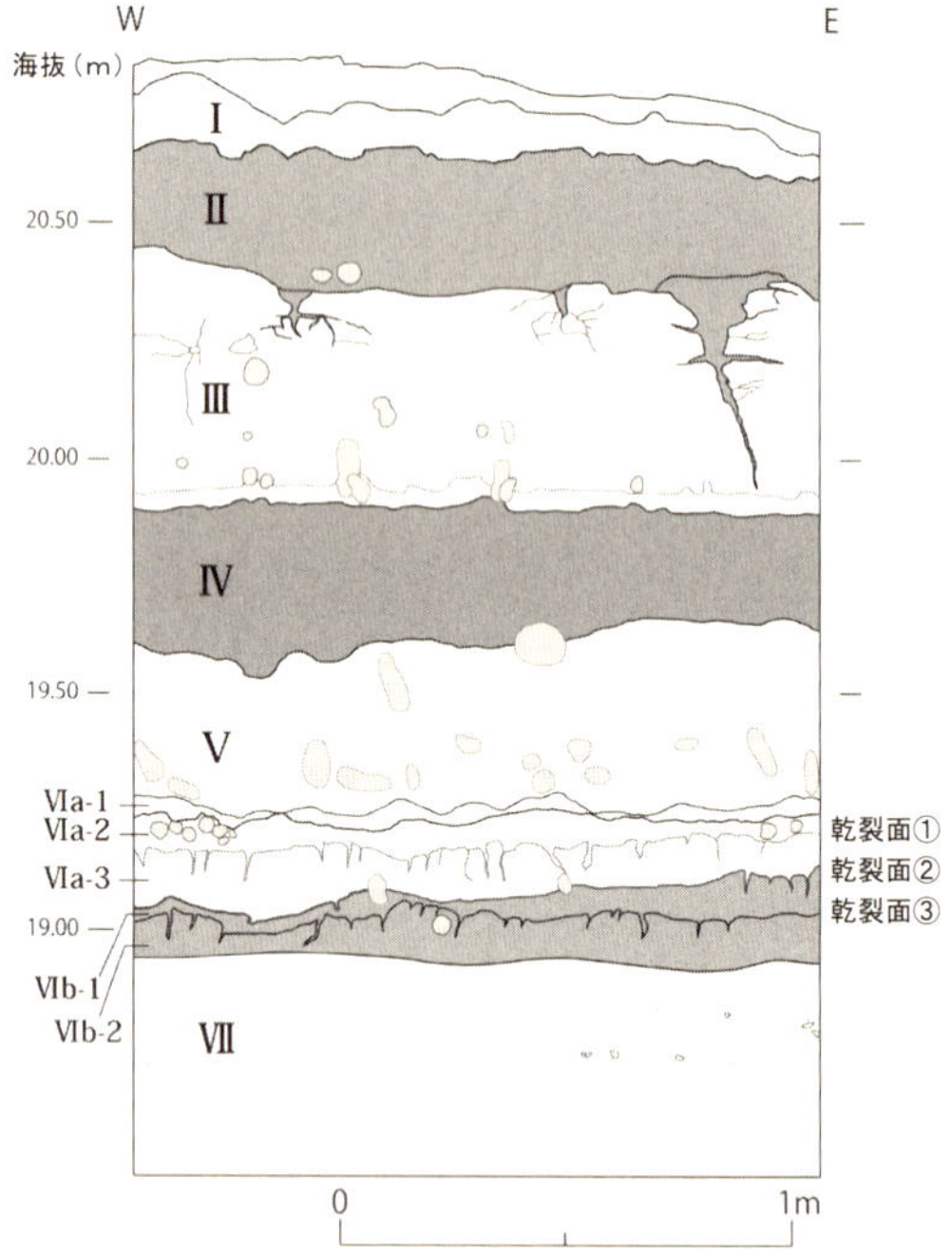

図27　砂原遺跡の地層断面図

髄製剥片、石英斑岩製剥片、石英製断塊、流紋岩製断塊各一点が次々に見つかり、真新しい崖面の地表からは剥離痕に覆われた拳大の石英製ハンマーストーンも一点採集され、付着する土壌からもともと泥砂質シルト層に包含されていたものと推定された。

（株）京都フィッション・トラックによる予備的な火山灰分析によれば、石器包含層を被覆する下位火山灰層は三瓶《さんべ》雲南《うんなん》テフラ（SUn、約七万年前）に比定された。

予備調査の結果を踏まえ、遺跡の性格、石器包含層の拡がりと堆積環境を把握するため、九月一六～二九日の期間、海外調査の主要メンバーである旧石器考古学・地質学・自然地理学・古地磁気学・堆積学の専門家からなる調査団を組織し学術調査をおこなった。予備調査からわずか二週間という異例のスピードで準備を整え、調査に入った。調査にはわたしの研究室の院生・学生、関西を中心とした研究者仲間が参加した。

本調査では、西側崖面に隣接した台地上に東西四メートル×南北七メートルのトレンチを設定し、上の地層を重機で掘削したのち、包含層に達すると一〜二ミリずつ水平に掘り下げて遺物・炭化物等の検出につとめ、出土遺物や礫については原則としてビデオ・写真撮影、三次元記録、産状計測をおこなって慎重に採り上げることにした。

トレンチ内では、予備調査時に崖面で観察された地層がすべて確認された。

地層の基本的な構成は、下から段丘面構成層、水成層、風成層（それぞれ二枚の古土壌層と三瓶系火山灰層）を見せ、堆積環境が目まぐるしく変わったことが知られる。なかでも火山灰層は年代を決めるうえで重要な鍵層《かぎそう》となる。

下位火山灰の直下には、遺物包含層である白灰色粘土球を混じえる泥砂質シルト（Ⅵa層）が約一五〜四〇センチの厚さで堆積し、この層の上面は著しい凹凸を見せ、下位火山灰との層理面（地層と地層の間の境界）は不整合となっている。この層はトレンチ全域に分布するが、中央では北東—南西方向に走る堤（礫堆）状の微高地を被覆する。

Ⅵa層中には、平面が不規則な多角形を呈する乾裂痕《かんれつこん》が層位的に二面（乾裂面①・②）観察され、乾裂面付近から石器、破砕礫、自然礫、生痕《せいこん》、炭化物が検出され、これらはトレンチ

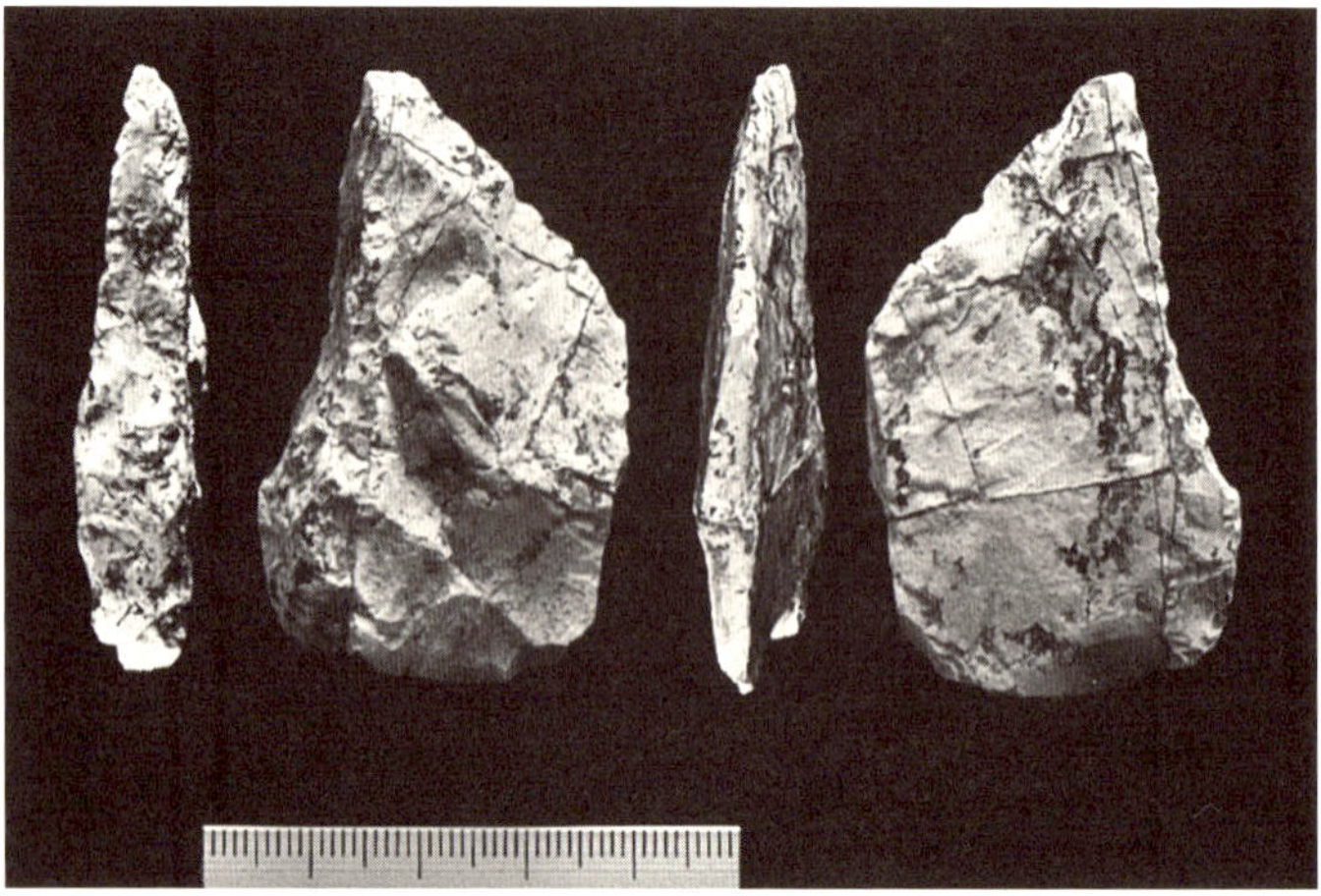

図28　砂原遺跡Ⅵｂ層出土の流紋岩製尖頭スクレイパー

の中央で検出された微高地（礫堆）を中心に出土。また乾裂面②はⅥｂ層との境で観察された（図27）。Ⅵｂ層（古土壌3）は微高地の北側だけに認められ、礫の包含量はⅥａ層にくらべて目立って減少する。本層中にも乾裂面が一面観察された（乾裂面③）。流紋岩製尖頭スクレイパー、砕片、流紋岩・玉髄製石核、破砕礫など少量の遺物が出土した。

石器の多くは稜や縁辺が風化・摩滅しているため、剥離面の観察が容易でなく、今後の整理で分類と点数に変動を生じることも十分考えられる。石材には珪化した流紋岩類（火砕岩）を主体に、玉髄（瑪瑙）、石英、石英斑岩などを用いる。

Ⅵａ層出土の石製遺物は、現時点までの整理によればスクレイパー三、ノッチ一、祖型彫器一、剥片三、砕片四、石核二、断塊・破砕礫八を数える。

Ⅵb層出土の石器は流紋岩製の尖頭スクレイパー一（図28）のほか、石核四、砕片一、破砕礫一からなる。砕片一点は接合しないが、尖頭スクレイパーと同一母岩とみられる。

砂原の石器を包含する地層は、下位火山灰の下、海洋酸素同位体比（ＭＩＳ）のステージ5e（一二・七〜一〇・七万年前）に形成された海成段丘構成層の上に位置づけられる。調査時の所見では段丘編年、三瓶《さんべ》木次《きすき》火山灰との対比から石器出土層準を約十二万年前と推定した。その後の調査では下位火山灰を三瓶木次（ＳＫ、約十一万年前）と確認することができず、むしろ三瓶雲南火山灰（ＳＵｎ、約七万年前）への対比を支持する結果が得られている。しかし、この火山灰とⅥa層の境界は不整合をみせ、この火山灰の年代がただちに石器群の下限年代を示すものではないことは明らかである。

出土した石製遺物は、最初に発見された玉髄製剥片、予備・本調査で出土した尖頭スクレイパー、剥片、石核、断塊・破砕礫からなり、ほかに性格ははっきりしないが、縁辺を挟んだ両面に並行する細い線条溝が密接する擦痕をもつ凝灰岩製亜円礫一点がある。

珪化火砕岩製資料は、玉髄・石英のような硬質の石材を用いた石器と異なり風化・摩滅をうけ、頁岩やサヌカイトの石器ほど観察は容易ではないが、じっくり時間をかけて観察すると、打面、打瘤、主要剥離面を識別することができ、剥離面の構成も無作為性やエッジが潰れた形跡を示すジオファクト（自然為）とは区別され、人為的な加工の痕跡を読み取ることができる。

こうした観察には、これまでに培《つちか》った大陸の前期旧石器時代の脈石英製石器の観察経験が少なからず役だった。くわえて石器群は石器、剥片・石核・砕片・断塊から構成され、通常の旧石器遺跡で認められる石器群の構成と本質的に異なることはない。

なによりも重要な事実は、石器を包含する地層にたいする堆積環境の観察と石器・礫の産状計測データから得られる。Ⅵa層およびⅥb層のマトリックスは細粒のシルトからなり、強い水流で石器や礫を運搬するようなラミナ（葉理）構造をまったく見ず、Ⅵa層中には小さなクレイ・ボール（粘土球）が水平方向に連続して観察されることから増水時に水位がゆっくり上昇するような静水堆積環境、つまり水辺に近い場所にあったことをものがたる。

また石器・礫の産状計測データの解析によると、自然の堆積であればそれらは自然流水の営力により一定方向に並ぶ走向傾斜をもつインブリケーション（覆瓦《ふくが》構造）が観察されるはずであるが、出土した石器・礫はまちまちな走向を見せ、これらが自然堆積によるものと考える一部の研究者の解釈を否定する。

石器包含層の泥砂質シルト層（Ⅵa層）、古土壌層（Ⅵb層）中には乾裂痕をともなうことから、かつて地表面となった堆積環境にあったことをうかがわせ、とくに前者では石器や自然礫はこの乾裂面上に集中するという重要な事実がある。砂原遺跡の調査で得られたデータの解析から導きだされる結論は、Ⅵa層中の乾裂面は、砂原の地を訪れた旧石器人が活動するうえでなんら支障はなかった地表面すなわち生活面と判断されるのである。

砂原遺跡は、発掘捏造発覚後初めて実施された学術発掘調査を経て、古土壌、火山灰との層位的な関係から包含層の地質年代を確実に把握することができ、しかも旧石器の所属年代の古さ（十三〜七万年前）ともあいまって、日本の旧石器考古学界に大きな衝撃とともに反響をあたえた。旧石器発掘捏造事件の後遺症もあってか、研究者の間で戸惑いにも似たさまざまな反応が見られるのも無理からぬことである。現生人類としてのホモ・サピエンス（新人）がつくった後期旧石器しか見慣れていない多くの日本人研究者にとっては、少なく見積もっても七万年以上の年代を経て風化摩滅した砂原遺跡の珪化火砕岩製の石器は、後期旧石器とのギャップがことさら大きく感じられるのであろう。

現在、石器群の年代をさらに絞り込むため、トレンチから採取されたサンプルの分析とともに三瓶火山起源の火山灰との比較分析を鋭意進めており、近く進展が見られるかもしれない。

砂原遺跡は、じつに多くの潜在的な情報を秘めた遺跡であり、その学術的価値ははかり知れないものがある。その調査は、やっと端緒に着いたばかりであり、今後の多方面にわたる共同研究により、日本列島の前期旧石器文化の実態の究明が待たれるところである。

エピローグ―未来志向の研究―

遺跡発掘捏造の発覚から早くも十年。

「十年ひと昔」とはいうものの、本事件に直接・間接的に関係した研究者、行政職員にとっては、針の筵《むしろ》に座らされたような長い十年間であったにちがいない。事件の後遺症は、いまなお癒《いや》されていないようにおもわれる。実際、東北地方のようにいまだに事件を口にするのもはばかられるような地域もある。

本書は、プロローグでもふれたように、本事件の検証作業に委員のひとりとしてたずさわった一研究者の目から事件の経緯と真相をできるかぎり明らかにし、それを若い研究者たちにつたえ、将来のさらなる検証に資するうえでの手助けになればとおもい、重いペンを執ったものである。

日本考古学協会の前・中期旧石器問題調査研究特別委員会による検証の経緯についても立ち入ったものとなった。ものごとは「結果よければ、すべてよし」というものでもあるまい。関係者のさまざまな思惑が交錯するなかで進められた検証過程と検証の方法そのものも検討の対象としなければならないのは自明のことである。

本書に登場する人物はすべて実名で記した。これは後進の研究者が本事件を、将来、客観的に解明するうえで避けては通れないと考えたからである。また本書の執筆が特定の人物を誹謗し、内部告発とか暴露を意図したものではないことをあらためて断わっておきたい。賢明な読者には、この点を十分に理解していただけるものと信ずる。

E・モースによる大森貝塚の発掘から百三十年余の歴史もつ日本考古学が、東日本を舞台に発掘捏造がおこなわれた不毛の二十数年間の汚点を相対化するだけの成果を有することはだれしも否定できないことであろう。もちろん、この間も考古学の他の分野では着実な成果が積み上げられていたことはいうまでもない。

第二次世界大戦直後におこなわれた静岡県登呂遺跡の発掘は、それまでの皇国史観に縛られた歴史学のくびきを解き、国民に考古学への期待と希望を抱かせる重要な一歩となった。せいぜい歴史学の補助学としかみられていなかった日蔭者の考古学を一躍表舞台へ登場させる契機になった。登呂遺跡の調査成果の周知にマスコミが大きな役割を果たしたのは紛《まぎ》れもない事実である。戦前の一握りの研究者によって自己満足的に進められていた研究が国民の前にさらされ、国民との間に横たわっていた厚いカーテンが取りのぞかれ、調査研究はガラス張りの状態に置かれることとなった。よくも悪しくも考古学とマスコミとの関係は、この登呂遺跡の調査に胚胎《はいたい》していたのである。

さらに奈良県高松塚古墳の調査（一九七二年）は空前の考古学ブームを巻き起こす重要なステップともなった。以後、考古学上の重要発見のニュースは茶の間のテレビに日常的に登場し、考古学を国民の身近なものとし、ややもすれば自己満足的な研究にとじこもりがちであった体質を解消するうえで大きな役割を担った。もはや考古学上の発見は一握りの専門家の集まりである学会だけの専有物ではなくなったのである。こうした国民的なコンセンサスを背景に、遺跡の保存・整備に公的資金を投入する大義名分が醸成されたのも否定できない事実である。

これ以後、高度経済成長の追い風に乗って、「記録保存」という名分のもと、遺跡の破壊を前提とした緊急調査はバブル期に全盛をむかえ、現在にいたっている。遺跡保存という視点は大きく後退し、発掘を担当する調査員の感覚もしだいに麻痺していき、考古学的大発見に関心が向けられる状況が現出していった。マスコミは、陰に陽にこのムードを促進する役割をになった。一九九〇年代の初め、バブルが弾《はじ》けたあとも、救済策としての公共事業に対する公的な資金投資が積極的におこなわれ、埋蔵文化財行政もその恩恵に浴することになった。旧石器遺跡発掘捏造は、こうした高度経済成長・バブル期のすさんだ社会的風潮を背景に登場した、時代の申し子にほかならない。

旧石器遺跡発掘捏造事件は、皮肉なことに、自他ともに認める考古学の専門家集団である学会の限界をあますところなく露呈することとなった。本来、ことの是非を判断する役割を担わされていた、もしくはその役割を期待されていた学会がその機能を果たせず、結果として捏造を二十余年間もの長期にわたって容認するという醜態《しゅうたい》を演じたことで証明される。こうした脈絡で、前・中期旧石器問題調査研究特別委員会による最終報告書は、日本考古学協会の内部調査委員会による見解としての性格と限界を内包するものである。

近年の埋蔵文化財行政をめぐる問題は、ことさらに深刻である。財政難という理由にかこつけ、博物館をはじめとする文化施設、埋蔵文化財を公然と厄介者視する自治体や首長も現われてきた。国や地方自治体の文化政策の貧困とその付けを露呈するものである。運営のノウハウはあっても、哀しいかな文化政策の根幹をなす長期的なヴィジョンを欠如する。

二〇〇九年秋に報道された奈良県香芝《かしば》市教育委員会による埋蔵文化財投棄事件は、こともあろうに文化財を保護する立場にある責任部局が独断的な判断で引き起こしたもので、文化財にたいする認識の貧困を如実にものがたる衝撃的な事件であった。全国的に世界遺産への国民的関心の高まりを考えるとき、あまりにも認識の落差の大きさに驚愕させられる。しかも大学で考古学を専攻した学生を採用した地方自治体で起きた点に、この事件の深刻さがある。

わたしは、旧石器遺跡発掘捏造事件が年をおって風化し記憶の片隅に追いやられる事態を憂慮し、大学の授業で毎年一時間を割いて事件の顛末を語り、考古学あるいは埋蔵文化財が何たるものかを学生たちに考えさせることにしている。考古学、埋蔵文化財に対する認識と愛護を新たにする契機になればとの思いをこめてのことである。

二〇〇九年九月、島根県砂原遺跡の調査は、ホモ・サピエンスが日本列島に到来する以前の人類が確実に日本列島に存在したことを明らかにした。わたし自身、はからずもこの調査に深くかかわることになったが、長崎県百花台東遺跡等での調査経験、発掘捏造遺跡の検証でつちかわれた方法と調査技術を踏まえ、さらに遺跡形成論、堆積環境論的視点を積極的に採りいれ、自然科学者との学際的連携のもとに各種データの収集がはかられ、調査はかつてない精度をもって慎重にすすめられた。遺物をとりだすことに主眼がおかれた伝統的な発掘調査法の限界を克服し、考古遺物が包含される地層の堆積環境の究明はもとより、旧石器人が活動した当時の旧地表面の検出に大きな関心が向けられた。これは、「地質考古学」というわが国では馴染みの薄い分野へ確かな一歩を踏み出すものである。砂原遺跡で記録された各種データは、遺跡の形成過程をめぐる科学的な議論をおこなううえで客観的な情報を提供するものである。

ホモ・サピエンスがのこした後期旧石器とは異なり、それに先行する人類がつくりだした前期旧石器は後期旧石器の枠組みのなかで捉えられないのは世界的な常識といってよい。日本の研究者のなかには、前期旧石器を後期旧石器時代の石器製作技術・観察法の過去への機械的な時間的延長として理解する向きが少なくない。前期旧石器にたいする真の理解は、従来の皮相的な観察を超えて、中国や韓国など東アジアの前期旧石器に深く通暁した研究者だけが体得できる認識の世界なのかもしれない。

二十数年もの間、旧石器発掘捏造を見破れなかった根本的な原因はここに蔵していたのである。

一方、ヨーロッパのフリント製中・後期旧石器を下地にした観察経験や解釈的枠組みを、そのまま東アジア世界に機械的に適用することができないことはいうまでもない。これはまた、日本列島をふくむ東アジアの前期旧石器研究にあって、研究者の思考にヨーロッパから東アジアへのパラダイム・シフトを要求するものである。その作業は、すでに一部の日本人研究者によって着手されつつある。

いまや未知への扉は開けられつつあり、前期旧石器発掘捏造事件を精算し、さらには半世紀におよぶ前期旧石器存否論争に幕を降ろすべく、日本の旧石器考古学は方法論のうえでも大きな転回点にさしかかっているというのが、筆者のいつわらざる心境である。

謝辞

本書に登場する人名はすべて実在の人物であり，所属・肩書きは発掘捏造発覚時（二〇〇〇年十一月）のものを示した。本書の執筆・刊行にあたり、次の方々、機関からご教示・ご協力をいただいた。ここに記して謝意を表すものである。

阿子島　香、阿部祥人、荒井　格、安斎正人、安蒜政雄、伊藤　健、伊藤順一、稲田孝司、岩田修一、岩手県埋蔵文化財センター、植山　茂、大竹憲昭、大類　誠、小田静夫、小野　昭、小畑弘己、角張淳一、加藤真二、門脇秀典、鎌田洋昭、川道　寛、菊池強一、菊池義彦、絹川一徳、京都文化博物館、栗島義明、黒田篤史、古代学協会、小林達雄、小林博昭、小向裕明、佐川正敏、佐久間光平、佐古和枝、佐藤宏之、佐藤良二、渋谷孝雄、白石浩之、鈴木忠司、砂田佳弘、諏訪間　順、仙台市教育委員会、仙台市縄文の森広場、早田　勉、大工原　豊、武田良夫、竹花和晴、檀原　徹、鶴丸俊明、東京都埋蔵文化財センター、東北大学総合学術博物館、東北歴史博物館、戸沢充則、中川和哉、中川重紀、中村由克、成瀬敏朗、西秋良宏、萩原博文、馬場悠男、林田　明、春成秀爾、藤野次史、古森政次、裵基同、黄昭姫、洪美瑛、麻柄一志、松浦五輪美、光石鳴巳、宮田栄二、宮守村（現遠野市）

教育委員会、森川実、矢島國雄、柳田俊雄、山形県埋蔵文化財センター、山口卓也、山田晃弘、吉岡恭平、和田好史、渡辺満久（以上五十音順、敬称略）

また株式会社雄山閣には本書の刊行を引きうけていただき、同編集部の羽佐田真一氏には校閲をはじめ、多大な助力を受けた。文末ながら、記して謝意を表すものである。

付図・表の出典一覧

図1　毎日新聞スクープ記事（毎日新聞二〇〇〇年十一月五日付朝刊）
図2　中国河北省于家溝出土の装身具（謝飛提供）
図3　大分県早水台遺跡出土のチョッピング・トゥール（東北大学総合学術博物館提供・菊地美紀撮影）
図4　大分県丹生遺跡の志村砂礫層出土の礫石器（古代学協会提供）
図5　宮城県岩出山町座散乱木遺跡の農道切通しと標柱（二〇〇二年五月撮影）（佐藤良二撮影・提供）
図6　座散乱木遺跡の捏造された石器（右）と検証調査出土石器（左）（前・中期旧石器問題調査研究特別委員会『前・中期旧石器問題の検証』日本考古学協会、二〇〇三年より転載）
図7　座散乱木遺跡第三次調査の現地説明会（一九八一年十月撮影）（佐藤良二撮影・提供）
図8　座散乱木遺跡の柳沢火砕流（二〇〇二年六月撮影）（佐藤良二撮影・提供）
図9　宮城県古川市馬場壇A遺跡の調査風景（東北歴史博物館提供）
図10　宮城県築館町上高森の石器埋納遺構2（前掲『前・中期旧石器問題の検証』より転載）
図11　岩手県岩泉町ひょうたん穴遺跡遠景（菊池強一撮影）
図12　宮城県築館町上高森遠景（一九九九年十一月撮影）（佐藤良二撮影・提供）
図13　仙台市野川遺跡1号土坑の石器出土状況（仙台市教育委員会提供）
図14　北京市周口店第一地点石英2層出土の石器（松藤撮影）

旧石器遺跡発掘捏造事件をあつかった主な文献

小田静夫、C・T・キーリ「宮城県の旧石器及び「前期旧石器」時代研究批判」（英文）『人類学雑誌』第九四巻第三号、一九八六年。

河合信和『最古の日本人を求めて』新人物往来社、一九八七年。

竹岡俊樹「「前期旧石器」とはどのような石器群か」『旧石器考古学』五六号、一九九八年。

角張淳一「前期・中期旧石器発見物語は現代のおとぎ話か」株式会社アルカ、二〇〇〇年 ホームページ http://www.aruka.co.jp/sekitei4.html.

岡村道雄『縄文の生活誌』（日本の歴史 第一巻）講談社、二〇〇〇年。

春成秀爾編『検証日本の前期旧石器』学生社、二〇〇一年。

芹沢長介「波乱の考古学界を憂える」『中央公論』一月号、二〇〇一年。

菊池強一「石器の産状は何を語るか」『科学』二〇〇一年二月号、二〇〇一年。

毎日新聞旧石器遺跡取材班『発掘捏造のすべて』毎日新聞社、二〇〇一年。

毎日新聞旧石器遺跡取材班『発掘捏造』（新潮文庫、『発掘捏造のすべて』を改題）新潮社、二〇〇一年。

森本和男『遺跡と発掘の社会史―発掘捏造はなぜ起きたか―』彩流社、二〇〇一年。

立花 隆『「旧石器発掘捏造」事件を追う』朝日新聞社、二〇〇一年。

竹岡俊樹ほか『特集前期旧石器遺跡捏造事件の真相を語る』SCIENCE of HUMANITY BENSEI Vol.34

勉誠出版、二〇〇一年。

毎日新聞旧石器遺跡取材班『古代史捏造』（新潮文庫）新潮社、二〇〇二年。

森　浩一「魂を失う考古学界」『論座』一月号、二〇〇二年。

段木一行監修『前期旧石器問題とその背景』（法政大学文学部博物館学講座編）ミュゼ、二〇〇二年。

太田浩とアートブック編集部『捏造遺跡　その真相と原人の実体』コアラブックス、二〇〇二年。

岡村道雄『縄文の生活誌』（改訂版）講談社、二〇〇二年。

前・中期旧石器問題調査研究特別委員会『前・中期旧石器問題の検証』日本考古学協会、二〇〇三年。

竹岡俊樹「旧石器捏造「神の手」だけが悪いのか」『文藝春秋』五月号、二〇〇三年。

戸沢充則『考古学のこころ』新泉社、二〇〇三年。

奥野正男『神々の汚れた手―旧石器捏造・誰も書かなかった真相』梓書院、二〇〇三年。

河合信和『旧石器遺跡捏造』（文春新書）文芸春秋社、二〇〇四年。

安斎正人『前期旧石器再発掘―捏造事件その後―』同成社、二〇〇七年。

角張淳一『旧石器捏造事件の研究』鳥影社、二〇一〇年。
※遺跡の発掘調査報告書については割愛した。

著者紹介

松藤　和人（まつふじ　かずと）
1947年　長崎県生まれ
1978年　同志社大学大学院文学研究科文化史学専攻博士課程中退
現　在　同志社大学文学部教授、大学院文学研究科博士後期課程任用教員、西北大学客員教授、中国科学院古脊椎動物古人類研究所客員研究員。博士（文化史学）

〈主要著書〉
『シンポジウム旧石器時代の考古学』（編著）学生社　1994年
『西日本後期旧石器文化の研究』（単著）学生社　1998年
『岩波日本史辞典』（共著）岩波書店　1999年
『旧石器考古学辞典』（編集代表）　学生社　2000年
『考古学に学ぶ』『同(II)』『同(III)』同志社大学考古学シリーズVII・VIII・IX（編著）1999・2003・2007年
『東アジアのレス−古土壌と旧石器編年』（編著）雄山閣　2008年
『日本と東アジアの旧石器考古学』（単著）雄山閣　2010年
『よくわかる考古学』（編著）ミネルヴァ書房　2010年

2010年10月30日　発行　《検印省略》

検証《けんしょう》「前期《ぜんき》旧石器《きゅうせっき》遺跡《いせき》発掘《はっくつ》捏造《ねつぞう》事件《じけん》」

著　者　松藤和人
発行者　宮田哲男
発　行　株式会社 雄山閣
東京都千代田区富士見2−6−9
TEL 03-3262-3231 / FAX 03-3262-6938
振替 00130-5-1685　http://www.yuzankaku.co.jp
印　刷　松澤印刷株式会社
製　本　協栄製本株式会社

ISBN 978-4-639-02155-1 C3021